Inhaltsverzeichnis

CD-Inhalte
- Laufzettel als editierbare Word-Vorlage (.doc) und Stationskarten (.pdf) in Farbe
- Wortgitter als editierbare Word-Vorlagen (drei Differenzierungsstufen) (.doc)
- Weihnachtswickel in Farbe als editierbare Word-Vorlage (.doc)
- Anlautuhr in Farbe (.pdf)
- Memory-Karten in Farbe (.pdf)
- Differenzierte Whiteboardfolien zu den Stationen 2 und 3, zur Heiligen Familie und den Weihnachtswörtern (.notebook)
  - – Kopien aller Whiteboardfolien zum Ausdrucken (.pdf)
  - – Infoblatt mit Hilfen und Hinweisen zu den Whiteboardfolien (.pdf)
- Bilddateien: Weihnachtsbilder und Piktogramme
- Playback zum Adventslied (.mp3)

Liebe Kolleginnen und Kollegen,

gerade im Anfangsunterricht bietet sich die Arbeit mit fächerübergreifenden Inhalten und Materialien an. Im Zusammenhang mit der Einführung von Buchstaben und dem Schreib- und Lesetraining können Verknüpfungen zu anderen Lernbereichen hergestellt und so mühelos verschiedene Fächer in den Anfangsunterricht integriert werden. Erfahrungsgemäß ermöglichen gerade diese inhaltlichen Verknüpfungen einen erheblichen Lernerfolg auf verschiedenen Ebenen. Um die individuell ausgerichteten Lernprozesse der Erstklässler in einer heterogenen Lerngruppe effektiv zu fördern und sie an ein selbstgesteuertes Lernen heranzuführen, wird differenziertes Unterrichtsmaterial benötigt, das individuellen Bearbeitungsspielraum zulässt, die Kinder motiviert und die Möglichkeit bietet, in freier Form damit zu arbeiten. Je früher Kinder lernen, ihre Arbeit zu organisieren und zu gestalten, umso kürzer ist der Weg zum selbstgesteuerten Lernen. Darüber hinaus benötigen Kinder, die im Rahmen des regionalen Integrationskonzeptes oder der Inklusion am Klassenunterricht teilnehmen, dringend Materialien, die sie nicht vom Thema und ihrer Lerngruppe ausschließen, sondern ihnen eine erfolgreiche Teilnahme ermöglichen.

So entstand die Idee, Materialien für fächerübergreifende und themengebundene Arbeitspläne speziell für die erste Klasse zusammenzustellen. Diese Materialien sollten folgende Kriterien erfüllen:

- qualitative oder quantitative Differenzierung in dreifacher Form
- Berücksichtigung unterschiedlicher Wahrnehmungsebenen
- mediale Vielfalt
- Anbahnung von selbstgesteuertem Lernen
- klare und verständliche Struktur
- ritualisierte Handlungsformen
- motivierende Gestaltung

Einige Jahre lang probierten wir Materialien und Systeme aus, verwarfen und überarbeiteten sie – immer den Fokus auf den individuellen Lernprozess unserer Schüler gerichtet. Wir durften erfahren, dass ein differenzierender und möglichst offener Unterricht Lernfrust vermeiden kann und die Lernfreude steigert.

So ist die fächerübergreifende Stationsarbeit zum Thema „Weihnachten" entstanden: eine Sammlung differenzierter, flexibel handhabbarer und überschaubarer Materialien, mit deren Unterstützung ein selbstgesteuertes Lernen schon im ersten Schulhalbjahr der Erstklässler angebahnt werden kann. Diese Förderung von Eigenverantwortung und Selbstständigkeit findet im Rahmen einer Lernwerkstatt an Stationen mit individueller Dokumentation auf einem Laufzettel statt. Zusätzliche Materialien erweitern die Fächervielfalt und das Angebot für leistungsstarke Kinder.

Viel Spaß beim Lernen mit der fächerübergreifenden, weihnachtlichen Stationsarbeit

wünschen Ihnen

Liane Vach und Beatrix Lehtmets

1.1. Zum Konzept

Spätestens Ende November stellen viele Grundschullehrerinnen[1] fest: Weihnachten kommt immer so schnell! Ein eifriges Suchen in eigenen und fremden Beständen beginnt, Bastel- und Backtipps werden ausgetauscht und in diversen Internetforen für Lehrer wird nach tollen Ideen geforscht. Diese Phase erinnert ein wenig an die Aufregung, die sich einstellt, wenn noch nicht alle Geschenke besorgt und verpackt sind. Ist die vorweihnachtliche Unterrichtsplanung abgeschlossen, kann den kommenden Wochen meist gelassen entgegengesehen werden.

In unserem christlich geprägten Kulturkreis nehmen die Feste im Jahresverlauf einen großen Stellenwert ein. Das Weihnachtsfest, an dem die Geburt Jesu Christi gefeiert wird, umfasst neben den religiösen Inhalten eine Vielzahl von Brauchtümern, die sowohl von Gläubigen als auch von Nicht- oder Andersgläubigen gelebt werden. So kann die Zeit der Erwartung, die Adventszeit (lat. adventus = Ankunft), als Vorbereitungszeit auf das Fest gesehen werden, aber auch als Möglichkeit, um sich die dunkle Jahreszeit gemütlicher und freundlicher zu gestalten. Früher war der Advent eine Buß- und Fastenzeit, in der nicht getanzt oder geheiratet werden durfte. Heutzutage wird die Zeit in den Familien genutzt, um wieder mehr Zeit miteinander zu verbringen und regionale Brauchtümer zu pflegen, sei es der Besuch eines Weihnachtsmarktes oder das gemeinsame Basteln, Backen oder Musizieren.

Die Adventszeit mit einer ersten Klasse zu gestalten, hat erfahrungsgemäß seinen ganz besonderen Reiz: Rituale prägen, sie vermitteln Sicherheit und schaffen Ruhe. Kerzen werden angezündet, Geschichten erzählt oder vorgelesen, Adventslieder gesungen, Gedichte gelernt, Weihnachtsdekorationen gebastelt und Kekse gebacken. Lernen findet hier auf einer Ebene statt, die unterschiedliche Sinne und Wahrnehmungsebenen anspricht und die Kinder motiviert.

Die Integration von brauchtumsgeprägten Elementen in den Anfangsunterricht, mit dem Fokus auf die Anbahnung des eigenständigen Lernens, stellt einen besonderen Reiz dar. Dabei ist eine inhaltliche Verknüpfung mit dem Lese- und Schriftspracherwerb sinnvoll und bietet sich besonders im Rahmen von fächerübergreifenden Projekten an.

Die vorliegende Stationsarbeit zum Thema „Weihnachten" verbindet den fächerübergreifenden Aspekt mit der Anbahnung von selbstgesteuertem Lernen. Eine konsequente Differenzierung ermöglicht individuelle Lernprozesse (vgl. Klippert, Müller 2004). Die Lernbereiche, die den Fächern Deutsch, Sachunterricht, Geometrie und der Wahrnehmungsschulung zugeordnet werden, sollen von den Schülern in Form einer Stationsarbeit möglichst selbstständig bearbeitet werden. Über den Einsatz der Zusatzmaterialien werden Elemente aus den Bereichen Religion, Musik, Kunst, Hauswirtschaft und Mathematik berücksichtigt.

Die Zusatzmaterialien sind im Verbund, aber auch unabhängig von der Stationsarbeit nutzbar. Dazu gehören ein Adventslied mit Lehrerinformationen, die Weihnachtsgeschichte, ein Backrezept mit illustrierter Anleitung, „Weihnachtswickel", mit deren Hilfe die Addition und Subtraktion bis 20 geübt werden kann, und eine Anleitung für die Gestaltung einer Weihnachtskarte. Auf der CD sind zahlreiche Whiteboardfolien mit direktem Bezug zu den Stationen vorhanden.

Die Zusatzmaterialien können als Einstieg, Übung oder zur Ergebnissicherung verwendet werden. Alle verwendeten Grafiken in digitaler Form, Laufzettel, Stationskarten, Wortgitter und „Weihnachtswickel" (editierbar) ergänzen das Materialangebot und ermöglichen eigene Gestaltungswege. Sollten Sie nicht über ein Whiteboard verfügen, finden Sie sämtliche farbigen Whiteboardfolien auch im PDF-Format ebenfalls auf der beiliegenden CD.

1.2. Die Stationsarbeit

Im Vordergrund dieser Stationsarbeit steht neben dem Lesen und Schreiben die Förderung der visuellen und taktilen Wahrnehmung sowie die der phonologischen Bewusstheit (vgl. Küspert 2001). Die Stationen zur Wahrnehmungsschulung benötigen kaum zusätzliche Erarbeitungszeit, da sich der Arbeitsauftrag den Kindern schnell erschließt.

Methodisch-didaktische Hinweise und Unterrichtstipps zu den einzelnen Elementen der Stationsarbeit und den Zusatzmaterialien finden Sie in der ausführlichen Beschreibung der sieben Stationen.

1.2.1. Organisation

Die Kinder wählen aus verschiedenen Aufgaben und Lernangeboten und bestimmen die Reihenfolge der Bearbeitung der sieben Stationen selbst. Zu diesem Zeitpunkt können die Erstklässler, bis auf wenige Ausnahmen, noch nicht lesen und schreiben. Demzufolge müssen die Materialien und die Arbeitsanweisungen symbolisch eindeutig sein. Die Kinder lernen im Laufe der Zeit, sich die Aufgabenstellungen möglichst selbstständig zu erschließen, daher erschien uns die Verwendung einheitlicher Piktogramme sinnvoll. Das Auge symbolisiert das genaue Hinschauen sowohl bei Übungen der visuellen Wahrnehmung als auch bei der Kontrolle. Den Pinsel verbinden die Kinder mit einem Mal- oder Nachspurauftrag, die Brille fordert sie zum Lesen auf und der Stift zeigt ihnen eine Schreibaufgabe an. Die Schere und

[1] Um die Lesbarkeit des Textes zu vereinfachen, wurde auf die Nennung beider Geschlechter verzichtet. Zudem wird im Folgenden für die Lehrkraft ausschließlich die weibliche Form verwendet, da in der Grundschule vornehmlich Lehrerinnen arbeiten. Selbstverständlich sind zu jeder Zeit jeweils Menschen beider Geschlechter gemeint.

der Klebestift weisen auf eine Bastelaufgabe hin. Das Memory-Paar und das Puzzleteil zeigen den Kindern, dass sie es mit einer Spielaufgabe zu tun haben, während die Hand auf eine Fühlaufgabe hinweist und das Dreieck mit den Zahlen auf eine Matheaufgabe.

Schon zu Beginn der ersten Klasse werden die Kinder damit konfrontiert, ihre Arbeitsmaterialien aus drei Niveaustufen auszuwählen. Die niedrigste Anforderungsstufe hat den Kreis ○ als Symbol, das mittlere Niveau ist durch das Quadrat □ und das anspruchsvollste Lernangebot durch das Dreieck △ gekennzeichnet. Diese drei geometrischen Symbole erscheinen uns wertfrei und neutral. Viele Kinder lernen mithilfe dieser Differenzierung in kurzer Zeit, ihre eigenen Fähigkeiten selbst einzuschätzen und sich dem für sie passenden Lernangebot erfolgreich zu widmen. Gewiss ist die angestrebte Selbsteinschätzung in den ersten Schulwochen kaum umsetzbar, doch im Rahmen des prozessorientierten Lernens ein erreichbares und angestrebtes mittelfristiges Ziel. Auch über die Sozialform können die Kinder meistens selbst entscheiden. Neben Einzel- und Partnerarbeit, die möglichst selbstständig erledigt werden sollten, gibt es auch genügend Gelegenheiten für das Anbahnen von Gruppenarbeit.

Sicherlich ist es sinnvoll, die Arbeit an Stationen im ersten Schuljahr sukzessive einzuführen und in überschaubaren Strukturen ablaufen zu lassen. Ritualisierte Handlungsabläufe geben Sicherheit und lassen Spielräume zu. Hierzu gehört in jedem Fall eine gemeinsame Einführung in die Stationsarbeit, in der u. a. die Bedeutung der Piktogramme

erläutert wird. Farbige Stationskarten mit entsprechender Bebilderung als Orientierungshilfe finden Sie für jede der sieben Stationen in farbiger Ausführung auf der CD. Des Weiteren sollte ein fester Zeitrahmen für die Arbeit an den Stationen und eine Reflexionsphase ritualisiert werden, in der die Möglichkeit zur Präsentation, aber auch zur kritischen Nachlese besteht. Gerade im Hinblick auf die prozessorientierten Lernprozesse ist ein reflektierender Blick auf die Arbeitsphasen sehr wichtig. Für die Bearbeitung der weihnachtlichen Stationsarbeit benötigen die Kinder sechs bis sieben Unterrichtsstunden, inklusive Einführung und Reflexion. Erfahrungsgemäß gibt es Schüler, die weniger Zeit für die Bearbeitung ihrer Aufgaben benötigen, aber auch Schüler, die in dem vorgesehenen Zeitrahmen nicht fertig werden. Leistungsstarke Schüler stellen sich sehr gern als Stationshelfer beim Whiteboard oder Overheadprojektor zu Verfügung, nutzen die Lerntheke mit einem Sammelsurium an Informationsmaterialien, Spielen und Gestaltungsmöglichkeiten. Einige Aufgaben der Stationsarbeit lassen weitere Bearbeitungsmöglichkeiten für stärkere Schüler zu, besonders im Bereich Lesen, Freies Schreiben, Präsentieren von Texten und der Herstellung eines eigenen Memorys. Erfahrungsgemäß bilden sich kleine Lesegruppen, um eigene oder die Texte der jeweiligen Station stolz zu präsentieren.

Langsame Lerner müssen nicht alle sieben Stationen schaffen. Sie als Pädagogin haben die Möglichkeit, die Laufzettel individuell auf Ihre Schüler abzustimmen. Eine editierbare Word-Vorlage unseres Laufzettels finden Sie auf der beiliegenden CD. Oder Sie haben Mut zur Lücke und lassen es zu, dass Ihre Schüler nicht alle Stationen in dem vorgesehenen Zeitrahmen bewältigen. Wir fanden es erstaunlich, dass im Lauf der Zeit unsere langsamen Schüler mit jedem weiteren Erste-Klasse-Projekt[2] mehr Aufgaben auf ihrem Laufzettel als erledigt und kontrolliert kennzeichnen konnten. Ihr erklärtes Ziel war einstimmig: „Beim nächsten Mal schaffen wir alle Stationen!“

Eine Lerntheke, auf der unterschiedliche Materialien präsentiert werden, übersichtlich gekennzeichnete Arbeitsstationen mit Möglichkeiten zur Selbstkontrolle und einladende Arbeitsbereiche tragen zu einer erfolgreichen Stationsarbeit bei. Bei den Stationen am Whiteboard, am Overheadprojektor oder an den Puzzles haben sich Schülerlisten bewährt. Die Schüler lernen sehr schnell, wie sie den Ablauf mithilfe dieser Listen selbst organisieren können, indem sie sich gegenseitig aufrufen.

1.2.2. Der Laufzettel

Der Laufzettel dient den Kindern als organisatorischer Rahmen und ist ein wesentliches Medium zur Dokumentation des Erlernten. Die äußere Form ist übersichtlich und stets gleich angelegt. Als Alternative wäre auch ein großer Laufzettel für die ganze Klasse denkbar. Anfangs benötigen die Erstklässler aber häufig noch Orientierungshilfen (Farben, Zahlen). Zu Beginn der Stationsarbeit tragen sie ihren Namen und ihre Klasse auf ihrem Laufzettel ein. Der Weihnachtsmann und die Engel auf dem Laufzettel bilden inhaltlich und optisch eine Verbindung zum Thema. Im nächsten Schritt heften die Kinder die Laufzettel in ihre Stationsmappe, in der später auch alle anderen Arbeitsmaterialien zur Stationsarbeit gesammelt werden. Während der Arbeit an den sieben Stationen kennzeichnen die Schüler die erledigten Aufgaben selbstständig auf dem Laufzettel, indem sie den kleinen Stern in der rechten Spalte hinter jeder Aufgabe ausmalen. Die Aufgaben gelten erst als fertig bearbeitet, wenn durch das Kind eine Selbstkontrolle an entsprechender Stelle vorge-

[2] Erste-Klasse-Projekte zu den Themen „Die Biene“, „Meine Zähne“, „Das Wetter“, „Das bin ich“, „Der Igel“ sind im AOL-Verlag, Hamburg, erschienen: www.aol-verlag.de.

nommen wurde. Zu diesem Zweck haben wir eine zusätzliche Kontrollspalte eingefügt.

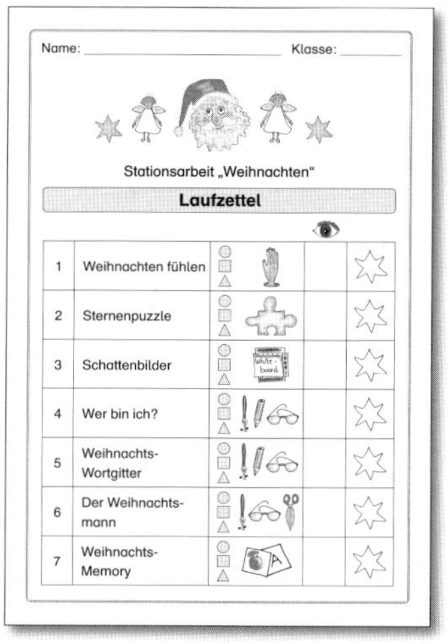
Name: ______ Klasse: ______

Stationsarbeit „Weihnachten“

Laufzettel

1	Weihnachten fühlen	○ □ △		☆
2	Sternenpuzzle	○ □ △		☆
3	Schattenbilder	○ □ △		☆
4	Wer bin ich?	○ □ △		☆
5	Weihnachts-Wortgitter	○ □ △		☆
6	Der Weihnachtsmann	○ □ △		☆
7	Weihnachts-Memory	○ □ △		☆

Einige Kinder benötigen zudem noch die Rückmeldung der Lehrerin. Hier ist es ratsam, nicht den Rotstift zu zücken, sondern gemeinsam mit dem Kind auf Fehlersuche zu gehen. Die Selbstkontrolle ist ein wesentlicher Aspekt des selbstgesteuerten Lernens. Ihre konsequente Einbindung in den Erstunterricht bewirkt eine allmähliche Hinführung zum selbstständigen Handeln.

1.2.3. Die Stationen im Einzelnen

Station 1: Weihnachten fühlen

In dieser Station geht es darum, die taktile Wahrnehmungsfähigkeit zu trainieren, indem die Kinder Naturmaterialien ertasten, die in einem inhaltlichen und symbolischen Zusammenhang mit der weihnachtlichen Zeit stehen. Erfahrungsgemäß gibt es Kinder, deren taktile Fähigkeiten sehr stark ausgeprägt sind, während andere Kinder mehr Zeit und Konzentration benötigen. Folgende Naturmaterialien sind für eine solche Fühlstation geeignet, da sie in ihrer Beschaffenheit unterschiedliche Eigenschaften aufweisen und eindeutig zu ertasten sind: Tannenzweig, Bienenwachskerze, Walnuss, Kiefern- oder Tannenzapfen, Apfel, Mandarine, Federn, die Engelsflügel assoziieren, und eine Zimtstange. Der Reiz und der Schwierigkeitsgrad werden durch zwei „Störer“ (z. B. Schneckenhaus oder Osterei) erhöht, die in keinerlei Zusammenhang mit dem Thema stehen. Die Naturmaterialien liefern in Ihrem Sachunterricht einen guten Grundstock für die Erarbeitung von Oberbegriffen, z. B. Bäume, Früchte, Tiere usw.

Die Differenzierung erfolgt hier über die Quantität der Gegenstände, die ertastet werden sollen. Unser Vorschlag für die Anzahl der Gegenstände in der Fühlkiste:

○ vier Gegenstände
□ sechs Gegenstände
△ acht Gegenstände

Wichtig ist, dass die Erstklässler die Gegenstände erst dann betrachten, wenn der Tastvorgang abgeschlossen ist. So sind sie gezwungen, sich konzentriert dieser Aufgabe bis zum Ende zu widmen.

! Tipps

Für diese Station eignet sich eine Fühlkiste aus Pappe oder Holz sehr gut, die über zwei Grifflöcher an der Frontseite verfügt. So können die Kinder mit zwei Händen gleichzeitig tasten. „Kleine Stoffvorhänge“ vor oder hinter den Löchern verhindern neugierige Blicke in das Innere der Kiste. Die Anschaffung einer solchen Kiste lohnt sich. Sie findet ihren Einsatz während der gesamten Grundschulzeit.
In einer gemeinsamen Erarbeitungsrunde schicken wir einen Stoffbeutel auf den Weg, in dem ein Gegenstand, z. B. ein Stern, verborgen ist. Die Kinder ertasten den Stern durch den Stoff des Beutels und erst nach dem Ertönen eines akustischen Signals (Glocke, Triangel …) flüstern die Kinder ihrem Nachbarn die Lösung ins Ohr. Anschließend stellt die Lehrerin die Materialien der Fühlstation vor, um Begrifflichkeiten zu klären.

Station 2: Sternenpuzzle

Das Sternenpuzzle liegt den Erstklässlern in drei verschiedenen Schwierigkeitsstufen vor.

○ Die Schüler setzen sechs gleiche rautenförmige Teile zu einem Stern zusammen.
□ Bei der mittleren Schwierigkeitsstufe handelt es sich um sechs unterschiedliche Sternteile.
△ Die Kinder fügen sechs Sternteile zusammen, was mehr Geduld und räumliches Verständnis erfordert.

Die Differenzierung erfolgt hier bewusst nicht über die Quantität, sondern über die Qualität. Da wir alle wissen, wie schnell Puzzleteile „Flügel“ bekommen, erschien uns die Anzahl von sechs Sternteilen überschaubar. Der Förderschwerpunkt liegt bei dieser Station im Bereich räumlicher Wahrnehmung und Koordination.

! Tipps

Bewahren Sie die laminierten Sternenpuzzles in kleinen, mit den Differenzierungssymbolen versehenen Schachteln oder Umschlägen auf. So sind sie übersichtlich präsentiert und stets griffbereit.
In einer möglichen Einstiegssituation bietet sich das Erzählen einer kleinen Geschichte an:
Der kleine Stern macht sich auf seine Reise durch das Universum. Er möchte gerne andere Sterne treffen und mehr über das Weltall erfahren. Unterwegs findet er mehrere Teile, die zu einem anderen Stern gehören. Er will sie wieder zusammensetzen, um einen Gefährten zu haben, mit dem er Weltraumabenteuer bestehen kann.

So eine kleine Geschichte motiviert die Erstklässler, dem kleinen Stern zu helfen. Die Sternenpuzzles können von den Kindern auch am interaktiven Whiteboard zusammengesetzt werden. Auch hier gibt es die Alternative, die Sterne auf Folie zu kopieren, auseinanderzuschneiden und am Overheadprojektor für alle sichtbar zusammenzupuzzeln.

Station 3: Schattenbilder

Bei dieser Station geht es darum, die optische Differenzierungsfähigkeit zu trainieren. Die Kinder sollen Schattenbilder erkennen und den „Originalbildern“ zuordnen. Bei dieser Whiteboardstation können sie wählen zwischen fünf (◯), sieben (□) und zehn (△) Bildpaaren, die einander zugeordnet werden sollen. Es handelt sich hierbei um den Kindern bekannte weihnachtliche Figuren und Gegenstände, die in ihrem Schattenbild eindeutige Erkennungsmerkmale aufweisen.

Auch hier bietet es sich an, im Rahmen des Sachunterrichts kleine Experimente und Spiele mit Licht und Schatten durchzuführen
(vgl. bildungsserver.Berlin-Brandenburg.de/ Licht und Schatten, Sinus-Grundschule Berlin).

Tipps

Um die Kinder in der ersten Klasse spielerisch mit dem Phänomen Licht und Schatten zu konfrontieren, bietet es sich an, in einer Klassenecke ein weißes Tuch aufzuhängen, hinter dem die Kinder Schattenspiele mit ihrem Körper oder anderen Gegenständen durchführen können. Als Lichtquelle eignet sich ein Overheadprojektor oder ein Strahler, der von vorne auf das Tuch gerichtet ist.
Beliebt ist auch das Lauf- und Fangspiel „Schattenfangen“, bei dem der Fänger den Schatten des Mitspielers mit dem Fuß oder mit der Hand berühren soll. In der Sporthalle oder bei Sonnenschein auf dem Schulhof macht dieses Bewegungsspiel sehr viel Spaß.

Station 4: Wer bin ich? (Rätselgedicht)

Kinder rätseln gerne – besonders wenn es sich um eine allseits beliebte Winterfigur handelt, den Schneemann. Auch wenn sich das Winterwetter im Dezember eher mild zeigt, lassen sich die Erstklässler davon nicht beeinflussen. Sie lieben ihren Schneemann und freuen sich auf den ersten Schnee.

Tipps

Zum Einstieg trägt die Lehrerin oder die Handpuppe „Klaus“ das vorliegende Rätselgedicht im Sitzkreis vor. In der Mitte liegt eine Kopie des Schneemanns unter einem weißen Tuch verborgen. Sehr schnell erraten die Kinder, dass es sich bei der Lösung um einen Schneemann handelt. Nach dem Anheben des geheimnisvollen Tuches werden ihre Vermutungen sofort bestätigt und erfahrungsgemäß beginnen die Kinder bereits während des zweiten Gedichtvortrags mitzusprechen:

- Klaus spricht Textabschnitte vor und die Kinder sprechen nach (call and response).
- Die Kinder sprechen nur die Reimwörter.
- Klaus spricht nur die Reimwörter.

Jedes Kind bekommt ein Wort aus dem Gedicht „geschenkt“. Klaus spricht das Gedicht langsam und die Kinder stehen auf, wenn sie ihr Wort hören. Lustig finden es die Kinder, wenn die Handpuppe immer schneller erzählt und ein großes Durcheinander entsteht.
Nun dürfen nur die Mädchen und anschließend die Jungen das Gedicht mitsprechen. Sitzen die Kinder an Gruppentischen, funktioniert das Ganze auch tischweise.
Können die Kinder das kleine Gedicht auswendig, bietet sich eine kleine Präsentation mit einem Partner in Form eines Klatschspiels an. Die Kinder entscheiden selbst, ob sie die kompliziertere Variante (Überkreuzen der Arme beim Klatschen) oder eine einfachere Version bevorzugen. Nach einer kurzen Übungssequenz sind die Kinder fit und äußerst motiviert, ihren Vortrag zu zeigen.

Bei dieser Station liegt den Kindern das bereits erarbeitete und bekannte Rätselgedicht als Lückentext vor.

◯ Die Kinder ergänzen das Gedicht um zwei Wörter. Bei dem Wort „Mund“ handelt es sich zwar um kein lautgetreues Wort, doch uns ist wichtig, ein Reimwort als Lückenwort zu benutzen. Das Einsetzen des Reimwortes verdeutlicht den Kindern die Reimstruktur, die das Auswendiglernen begünstigt.

□ Hier fehlen drei Wörter.

△ In der höchsten Niveaustufe ergänzen die Kinder vier Wörter.

Nach dem Einsetzen der Lückenwörter werden die Kinder aller Niveaustufen dazu aufgefordert, ihren Schneemann so zu malen, wie sie es ihrem Text entnehmen können. Eine Vorlage des Schneemanns finden Sie im Bildordner auf der beiliegenden CD.

Station 5: Weihnachts-Wortgitter

An dieser Station steht die Förderung der visuellen Wahrnehmung sowie Lese- und Rechtschreibkompetenz im Vordergrund. In einem Wortgitter haben sich „Weihnachtswörter“ versteckt, die entdeckt und aufgeschrieben werden sollen. Wichtig ist die anschließende Selbstkontrolle, bei der die Kinder noch einmal genau hinschauen und eventuell Fehler berichtigen.

Tipps

Die entsprechenden Bilder zu dem Wortgitter finden Sie ebenfalls auf der CD. Ausgedruckt und laminiert eignen sie sich sehr gut zur Erarbeitung und für gemeinsame Ratespiele. Entsprechende Wort- bzw. Silbenkarten erleichtern das Wiederfinden der Worte im Wortgitter.

◯ In diesem Wortgitter befinden sich sechs einsilbige, in Hohlbuchstaben geschriebene Weihnachtswörter, die waagerecht angeordnet sind. Die Wörter sollen markiert und in Großbuchstaben in die Lineatur geschrieben werden.

□ Diese Variante beinhaltet sechs zweisilbige Wörter und zwei einsilbige Wörter, die ebenfalls waagerecht angeordnet sind, sowie in Groß- und Kleinbuchstaben aufgeschrieben werden sollen.

△ Die zehn gesuchten Weihnachtswörter sind zweisilbig, wurden waagerecht und senkrecht gesetzt und sollen ebenfalls von den Kindern markiert und in Groß- und Kleinbuchstaben in die Lineatur geschrieben werden.

Station 6: Der Weihnachtsmann (Faltbuch)

An dieser Station stellen die Kinder ein kleines Lese-Faltbuch aus einer dreifach differenzierten Vorlage her. Danach erledigen sie einen Lese- und Malauftrag: „Der Weihnachtsmann ist traurig. So gerne würde auch er farbenfrohe Kleidung tragen. Helft ihm dabei und malt seine Kleidung an." Die Kinder tun ihm gerne den Gefallen und malen die Teile seiner Kleidung und den Bart in den Farben an, die sie im Text ihres Faltbuches erlesen sollen.

○ Der Text beschränkt sich auf die Bezeichnung der Kleidungsstücke und der Farben, mit denen die Kleidung und der Bart angemalt werden sollen, die zusätzlich durch Pfeile kenntlich gemacht wurden.

□ Hier erlesen die Kinder kurze Sätze, die über das gleiche, eindeutige Satzmuster verfügen.

△ Bei dieser Variante lesen die Kinder anspruchsvollere Sätze.

Die Förderung der Feinmotorik und ein Training der Lesekompetenz stehen an dieser Station im Vordergrund.

Tipps

Erfahrungsgemäß ist es sinnvoll, mit den Kindern vorab mithilfe unserer Faltanleitung (siehe S. 16) ein solches Faltbüchlein zu basteln, damit sie die Station weitgehend selbstständig bearbeiten können. An dieser Stelle sind „Experten" aus den eigenen Reihen eine wertvolle Unterstützung.

Station 7: Weihnachts-Memory

Auch an dieser Station soll wieder gespielt werden. Den meisten Kindern ist das Prinzip des Spiels „Memory" bekannt. Es bietet sich also an, diese Spielform auf die Paarbildung von Bild und Buchstabe, Silbe oder Wort zu übertragen. Nicht nur die Lesekompetenz wird hier gefördert, sondern auch die Konzentrations- und Merkfähigkeit sowie die Kommunikations- und Kooperationsfähigkeit. Das Weihnachts-Memory besteht aus bereits bekannten Bildern und besitzt somit einen hohen Wiedererkennungswert. Je nach Lernniveau bilden die Kinder Paare aus Bildern und den entsprechenden Buchstaben, Silben oder Wörtern.

Tipps

Wir empfehlen Ihnen, das Memory-Spiel im Halbkreis mithilfe eines Overheadprojektors einzuführen. Auf Folie kopiert und auseinandergeschnitten kann der Spielverlauf für alle Kinder gut sichtbar erarbeitet werden.

Laminieren Sie die Kopiervorlagen vor dem Zerschneiden, damit sie auch später noch zu gebrauchen sind. Je nach Größe der Lerngruppe bereiten Sie einige Spielsätze vor und bewahren sie in kleinen Schachteln auf, die Sie mit dem entsprechenden Schwierigkeitssymbol kennzeichnen. Die unzerschnittenen Kopiervorlagen dienen in den drei Differenzierungsstufen gleichzeitig als Kontrollblätter.

○ Die Paarbildung besteht aus der Zuordnung von sechs Weihnachtsbildern und den entsprechenden Anlauten.

□ Hier entstehen Paarungen aus sechs Bildern und den entsprechenden zweisilbigen Wörtern. Dieser Aufgabentyp differenziert sich zusätzlich, da den Bildern ebenso die Anfangssilben zugeordnet werden können.

△ Bei der schwierigsten Stufe finden die Kinder zehn Bild- und Wortpaare. Die Wörter sind zwei- oder dreisilbig.

Tipps

Natürlich eignen sich die Weihnachtsbilder auch für andere Spiele innerhalb einer großen Gruppe, Kleingruppe, aber auch mit einem Partner:

- Die Begriffe werden umschrieben und erklärt, dürfen aber nicht genannt werden (Prinzip wie „Tabu"). Wer den Begriff erraten hat, ist als Nächster dran.
- Sätze werden mit Bildkärtchen erweitert, z. B.: Der Engel fliegt über den Weihnachtsbaum, trifft ein Rentier und vernascht eine Nuss (Prinzip wie „Kofferpacken").

Bewahren Sie die Bildkärtchen in mehreren Umschlägen auf, die Sie gruppenweise verteilen können. Diese Übungen fördern die Kommunikations- und Merkfähigkeit Ihrer Erstklässler spielerisch.

1.2.4. Reflexion

Erfahrungsgemäß suchen einige Kinder bereits während der Stationsarbeit immer wieder den Kontakt zur Lehrerin, um ein Wort oder einen Satz vorzulesen. Später übernehmen flinke Mitschüler diese Rolle, sodass sich mit der Zeit kleine Lesegruppen finden. Nach jeder Stationsarbeitsstunde treffen sich alle Schüler im Kreis, um stolz zu präsentieren, von Erlebnissen während der Arbeit zu berichten oder auch Kritik zu üben und Vorschläge zu machen. Sehr gerne präsentieren einige Kinder in dieser Runde ihre Arbeitsergebnisse. Der Fokus wird noch einmal auf die geleistete Arbeit gelenkt und es wird ein Ausblick auf die folgende Arbeit gegeben.

1.3. Zusatzmaterialien

1.3.1. Weihnachtskugeln

Unter dem Motto „Lernen mit allen Sinnen" steht u. a. die gemeinsame Herstellung leckerer Weihnachtskugeln. Bei dieser Aufgabe arbeiten jeweils vier Kinder zusammen, indem sie sich die Zubereitung entweder erlesen oder über die Fotografien erschließen. Anschließend backen die Kinder gemeinsam. Ausgedruckt und auf DIN-A4-Format vergrößert, sind die Fotos sehr nützlich für den Einstieg und für die Reflexionsphase am Schluss. Bevor die leckeren Weihnachtskugeln aufgegessen werden, bringen die Kinder die unsortierten Fotos in die richtige Reihenfolge und benennen die Arbeitsschritte, um so ihre Arbeit zu reflektieren. Statt Weizenmehl eignet sich übrigens auch Dinkelmehl für das weihnachtliche Knabbergebäck.

! Tipp

Stellen Sie für jede Gruppe die abgemessenen Zutaten und Gerätschaften bereit, sodass die Kinder möglichst selbstständig an die Arbeit gehen können.

1.3.2. Weihnachtswickel

Mit dem Weihnachtswickelmann trainieren die Erstklässler spielerisch ihre Rechenfertigkeiten im Bereich der Addition und Subtraktion. Der Zahlbereich wird über die drei verschiedenen Differenzierungsstufen festgelegt.

○ Die Kinder addieren im Zahlbereich bis Fünf.

□ Auf der mittleren Stufe addieren und subtrahieren die Erstklässler bis Zehn.

△ Die Schüler addieren und subtrahieren im Zahlbereich bis 20 mit und ohne Übertrag.

Die Kinder beginnen oben rechts mit der ersten Aufgabe und legen das Wickelband bis zur Lösung. Das Band wird nun über die Rückseite bis zur nächsten Aufgabe geführt, zu dessen Lösung usw. Sind alle fünf Aufgaben gewickelt worden, endet der Faden am Stern auf der linken Schulter des Weihnachtsmanns, wo er auch beginnt. Nun ist auf der Rückseite ein Fadenmuster zu sehen. Liegen die Fäden direkt auf den Linien der Rückseite, wurde richtig gerechnet.

Auf der CD finden Sie einen editierbaren Weihnachtswickel, den Sie nach eigenen Vorgaben gestalten können. Orientieren Sie sich dabei an der Linienführung unserer Aufgaben- und Lösungsstruktur, damit es später auch mit der Selbstkontrolle klappt.

! Tipps

Schneiden Sie die Vorder- und Rückseite aus und kleben Sie sie zusammen.
Laminieren Sie den Weihnachtsmann und schneiden Sie die Folienränder ab.
Befestigen Sie ein Band (ca. 50 cm) auf dem Schulterstern des Weihnachtsmanns.

1.3.3. Adventslied

Die Vorfreude, der Duft, das Licht und die Spannung der Vorweihnachtszeit stehen im Mittelpunkt unseres Adventsliedes. Die Notation nach der bekannten Melodie von „Tom Dooley" liegt Ihnen in G-Dur vor, um mit einfachen Gitarrengriffen eine Begleitung möglich zu machen. Eine klare und verständliche Struktur des Liedtextes und die fröhliche Melodie motivieren zum Mitsingen. Gestaltungsvorschläge auf der Lehrerseite erleichtern auch fachfremden Musiklehrerinnen die Vorbereitung. Die Förderschwerpunkte liegen hier im Bereich der akustischen Wahrnehmung, der Rhythmik und der musikalischen Gestaltung.

1.3.4. Basteltanne

Was wäre die Vorweihnachtszeit ohne Basteln? Die Erstklässler sollen mithilfe von klar gegliederten und visuell unterstützten Arbeitsaufträgen möglichst selbstständig eine Weihnachtskarte gestalten. Das Motiv, in diesem Fall eine stilisierte Tanne in Form eines Dreiecks, wird durch Auseinanderschneiden und „Auf Lücke"-Zusammenlegen in seiner ursprünglichen Form verfremdet. Das Untergrundpapier ist durch die Lücken zu erkennen und so entsteht ein reizvoller Kontrast zwischen Motiv und Untergrund.

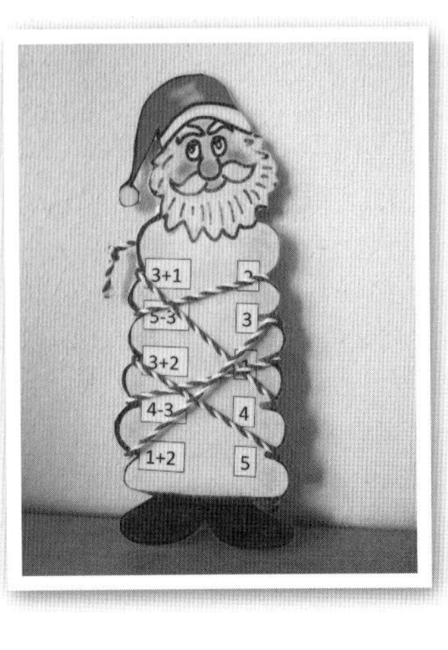

Tipps

Als Material für das Motiv eignet sich bunt bedrucktes Papier, Geschenkpapier, Transparentpapier, Goldpapier, Filz, Stoff, ... Der Fantasie sind kaum Grenzen gesetzt. Zum Schluss schreiben die Kinder einen Weihnachtsgruß auf die Karte und ab geht die Post!

1.3.5. Weihnachtswörter

Auf der CD finden Sie eine dreifach differenzierte Whiteboard- Silbenübung zu den Weihnachtsbildern. Das Lesen in Silben ist eine sinnvolle Lesestrategie, fördert die Lesetechnik und ermöglicht Erfolgserlebnisse. Die visuelle Unterstützung durch Bilder stellt eine Beziehung zum Leseinhalt her.

○ Vier einfache zweisilbige Wörter sollen richtig zusammengefügt und gelesen werden. Das passende Weihnachtsbild erleichtert ihnen die Aufgabe.

□ Die Schüler fügen sechs zweisilbige Wörter zusammen.

△ Auch hier sollen sechs Wörter zusammengefügt und gelesen werden. Es handelt sich hierbei um zwei- bis dreisilbige Begriffe.

Auf den dreifach differenzierten Kopiervorlagen in diesem Heft werden die gleichen Wörter verwendet, die die Kinder den Bildern zuordnen sollen.

1.3.6 Die Heilige Familie

Die Geschichte von der Geburt Jesu Christi bietet sich geradezu an, in einem fächerübergreifenden Unterricht in der Vorweihnachtszeit erarbeitet zu werden. Acht Etappen der Geschichte sind auf einzelnen Bildern zu sehen, mit deren Unterstützung geschaut, zugehört, frei erzählt, gespielt und auch frei geschrieben werden soll. Es handelt sich hierbei um folgende acht Abschnitte:

1) Das sind Maria und Josef.
2) Maria und Josef reisen mit einem Esel.
3) Sie finden einen Stall.
4) Jesus ist da.
5) Maria und Josef sind froh.
6) Die Engel sind froh.
7) Die Hirten sind froh.
8) Die Heiligen Drei Könige sind froh.

Mithilfe der acht Bilder, diverser Einzelgrafiken zur Geschichte, dreifach differenzierter Whiteboardfolien, auf denen sortiert, gelesen und zugeordnet werden kann, und Arbeitsblättern zum freien Schreiben gelingt Ihnen ein kompetenzorientierter Deutsch- und Religionsunterricht:

- die Geschichte von der Geburt Jesu Christi kennen
- die Geschichte anhand von Bildern nachvollziehen
- kleine Texte sinnerfassend lesen und den Bildern zuordnen
- die Geschichte auditiv erfassen und dazu Fragen beantworten
- zu den Bildsequenzen oder der ganzen Geschichte frei sprechen
- die Geschichte im szenischen Spiel in Gruppen handelnd nachvollziehen und eventuell auf einer Weihnachtsfeier präsentieren
- zur Weihnachtsgeschichte eigene Texte verfassen

Besonderes Augenmerk legen wir an dieser Stelle auf die kommunikativen Kompetenzen Blickkontakt, aktives Zuhören und freies Erzählen (vgl. Heitmann 2010, Klippert 2012).

Tipps

Erzählen Sie die Weihnachtsgeschichte mithilfe der acht laminierten Bilder. Zum Schluss liegen alle Bilder ungeordnet in der Mitte des Sitzkreises. Anschließend erzählen Sie die Geschichte noch einmal und fordern ein Kind durch Zuzwinkern auf, das entsprechende Bild zu nehmen und an eine freie Stelle im Kreis zu legen. Nun sprechen Sie zum nächsten Bild und das Kind zwinkert einem Mitschüler zu, der das passende Bild suchen und unter das erste Bild platzieren soll. Liegen alle Bilder in der richtigen Reihenfolge untereinander, „schenken" Sie jedem Kind ein kleines Bild aus der Geschichte. Es bieten sich Josef, Maria, Esel, Jesus, Stall, die Heiligen Drei Könige, Engel und Hirten an. Ist jedes Kind mit einem Bild versorgt, erzählen Sie die Geschichte zum dritten Mal. Jetzt darf jedes Kind, wenn es in der Geschichte seine Figur oder seinen Gegenstand hört, in die Kreismitte gehen und sein kleines Bild zum entsprechenden Geschichtenbild legen.

Weiterhin übernehmen Kinder gerne auch die Rolle des Erzählers. Dabei spielt es keine Rolle, ob sie nur zu einem Bild oder zu mehreren Bildern erzählen. Besonders motiviert und kreativ sind die Erstklässler, wenn sie die Geschichte in einem szenischen Spiel handelnd nachvollziehen.

Sämtliche Bilder und Einzelgrafiken zur Weihnachtsgeschichte finden Sie im Bilderordner auf der beiliegenden CD.

Wer nichts zu erzählen hat, der weiß auch nichts zu schreiben. Das trifft auf ihre Schüler nicht (mehr) zu, denn sie kennen die Weihnachtsgeschichte jetzt ganz genau. Mithilfe der Anlauttabelle hat jedes Kind die Möglichkeit, seinem individuellen Lernstand entsprechend zu den Bildern frei zu schreiben. Bei einigen Kindern sind es Wörter, die vielleicht nur mit viel Fantasie entziffert werden können, andere schreiben kurze Sätze oder sogar schon eine kleine Geschichte. Jedes Ergebnis wird gewürdigt und erfahrungsgemäß wollen einige Kinder auch schon ihre Texte stolz präsentieren. Geben Sie Ihnen dazu Gelegenheit – leistungsstarke Kinder können schon kleine „Lesekonferenzen" abhalten, indem sie sich die Texte gegenseitig vorlesen. Andere Kinder wiederum suchen oft die Nähe zur Lehrerin. Auch wenn die Kinder häufig etwas Zeit brauchen, um die Texte vorzulesen – Ihre Geduld zahlt sich aus.

1.4. Einsatz von Materialien und Medien

Um die Medienkompetenz der Erstklässler anzubahnen, ist der Einsatz unterschiedlicher Medien erforderlich. Dazu gehören: interaktives Whiteboard, Overheadprojektor, Folien, Folienstifte, eine Lerntheke für aktuelle Materialien, Bilderbücher mit einem direkten Bezug zur Advents- und Weihnachtszeit (vgl. Michels/Michl 1985, Scheidl/Bernadette 2011), Zeitschriften, Poster, Puzzles, Bildmaterialien, Tapetenrollen, gesammelte Schätze aus der Natur u. v. m. Die Vielfalt sollte bewusst groß gehalten werden, denn der flexible Einsatz unterschiedlicher Medien erhält und erhöht die Motivation, außerdem werden die unterschiedlichen Lernbedürfnisse Ihrer Schüler abgedeckt.

1.5. Schlussbemerkungen

Die fächerübergreifende Stationsarbeit zum Thema Weihnachten ist in der Reihe der Erste-Klasse- Projekte unabhängig von der Buchstabenerarbeitung einsetzbar. Die Stationen zum Igel (I/i), zu „Das bin ich" (Ch/ch), zum Wetter (W/w), zur Biene (B/b) und zu den Zähnen (Z/z) können sowohl im Rahmen der Buchstabenerarbeitung als auch zu einem anderen Zeitpunkt im Unterricht einer ersten Klasse ohne große Vorbereitung eingesetzt werden.[3]

Das fächerübergreifende Lernen an Stationen ist zudem sehr gut mit den Materialien zum „Lesen und Schreiben lernen mit der Tierparade"[4] kombinierbar, da die Lernwerkstatt zur Einführung der Buchstaben ähnlich aufgebaut ist. Durch den ritualisierten und überschaubaren Ablauf wird ein individuelles und selbstgesteuertes Lernen Ihrer Schüler angebahnt und unterstützt.

Literaturverzeichnis und Internetquellen

Klippert, Heinz / Müller, Frank: *Methodenlernen in der Grundschule: Bausteine für den Unterricht.* 7. Aufl., Beltz: Weinheim 2014

Klippert, Heinz: *Kommunikationstraining: Übungsbausteine für den Unterricht.* 12. Aufl., Beltz: Weinheim 2010

Heitmann, Thomas: *Bergedorfer Methodentraining: Kommunikation und Teamarbeit.* Persen Verlag: Buxtehude 2010

Küspert, Petra / Schneider, Wolfgang: *Hören, lauschen, lernen. Sprachspiele für Kinder im Vorschulalter.* 6. Aufl., Vandenhoeck & Ruprecht: Göttingen 2008

Michels, Tilde / Michl, Reinhard: *Es klopft bei Wanja in der Nacht.* Ellermann Verlag: Hamburg 1985

Scheidl, Gerda Marie / Bernadette: *Ein Esel geht nach Bethlehem.* NordSüd Verlag 2011

http://www.bildungsserver.Berlin-Brandenburg.de (> Licht und Schatten (Licht_und_Schatten2.pdf der Grundschule SINUS-Transfer in Berlin))

http://www.Hamburger-Bildungsserver.de (> Weihnachten)

http://www.bildungsserver.de (> Advent-und-Weihnachten)

[3] Alle „Erste-Klasse-Projekte" sind im AOL-Verlag erhältlich (www.aol-verlag.de).

[4] „Lesen und Schreiben lernen mit der Tierparade" (fünf Bände) sind ebenfalls im AOL-Verlag erhältlich (www.aol-verlag.de).

Name: ______________________________ Klasse: __________

Stationsarbeit „Weihnachten“

Laufzettel

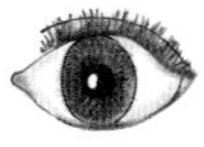

1	Weihnachten fühlen	○ □ △ 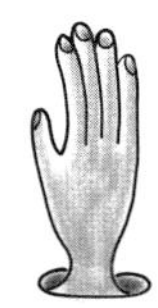		
2	Sternenpuzzle	○ □ △ 		
3	Schattenbilder	○ □ △ 		
4	Wer bin ich?	○ □ △ 		
5	Weihnachts-Wortgitter	○ □ △ 		
6	Der Weihnachts-mann	○ □ △ 		
7	Weihnachts-Memory	○ □ △ 		

Station 1

Weihnachten fühlen

2 Dinge

4 Dinge

6 Dinge

Achtung!
2 Dinge
passen nicht.

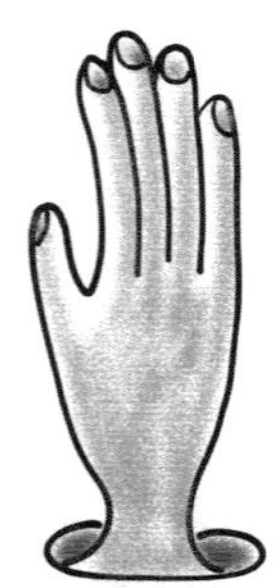

Station 2

Sternenpuzzle

Station 3

Schattenbilder

Station 3

Schattenbilder

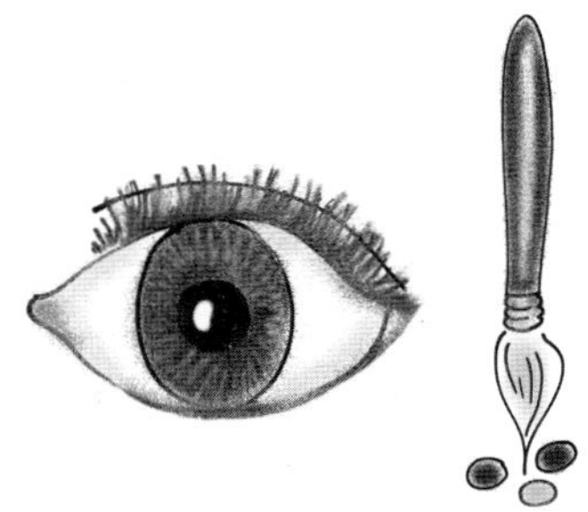

Station 4

Wer bin ich?

Station 5

Weihnachts-Wortgitter

Station 6

Der Weihnachtsmann

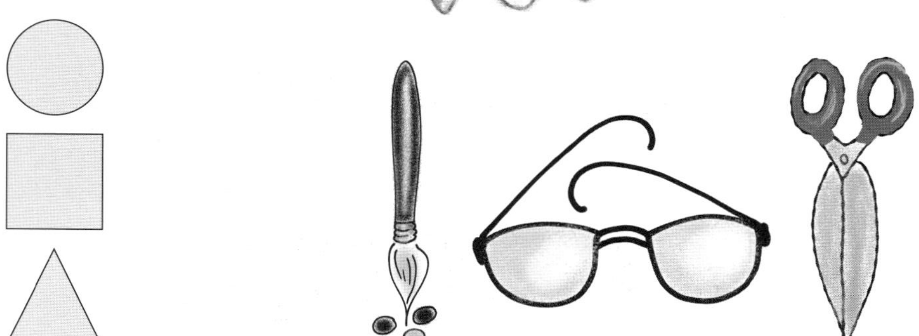

Station 7

Weihnachts-Memory

Faltbuch – Anleitung

Weihnachten fühlen

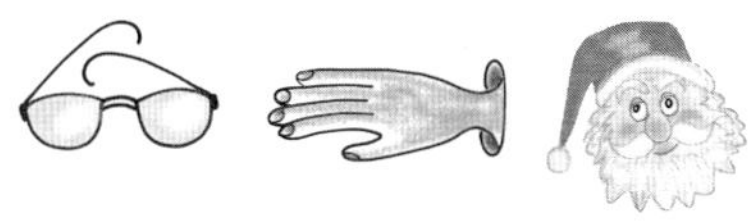

Materialien:
* Fühlkiste (Karton oder Holzkiste mit zwei Greiflöchern)
* evtl. Augenbinde oder Tuch
* Naturmaterialien, die eindeutig von den Kindern zu ertasten sind und sinngemäß in einen weihnachtlichen Bezug eingebettet werden können
* zwei „Störer" (z. B. Osterei und Schneckenhaus), um das Ertasten zu erschweren und interessanter zu gestalten

Folgende Materialien sind gut geeignet:
- Tannenzweig
- Kiefern- oder Tannenzapfen
- Mandarine
- Apfel
- Walnuss
- Haselnuss
- Zimtstange
- Federn (Engelsflügel)

Sternenpuzzle

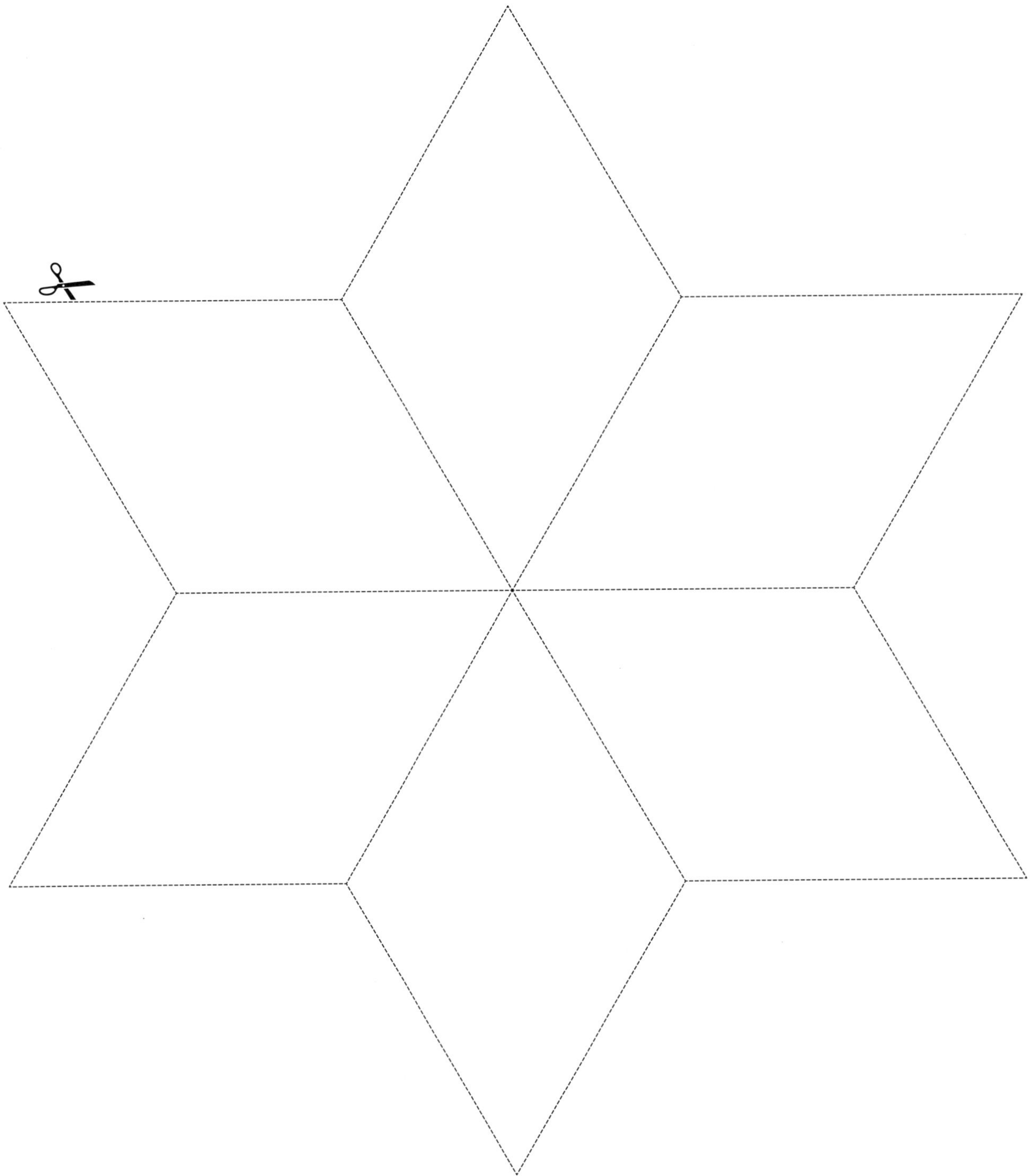

Sternenpuzzle

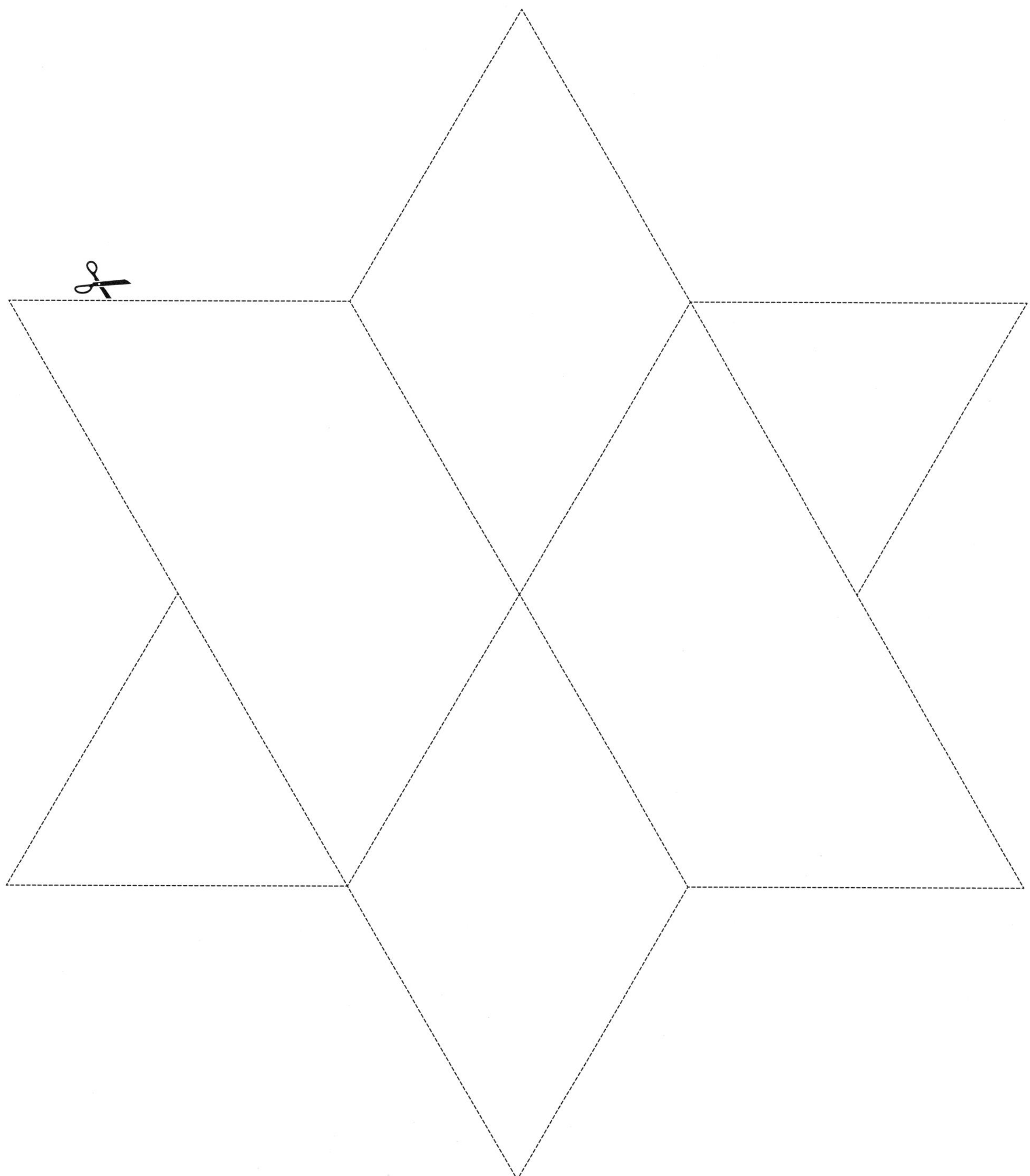

Sternenpuzzle

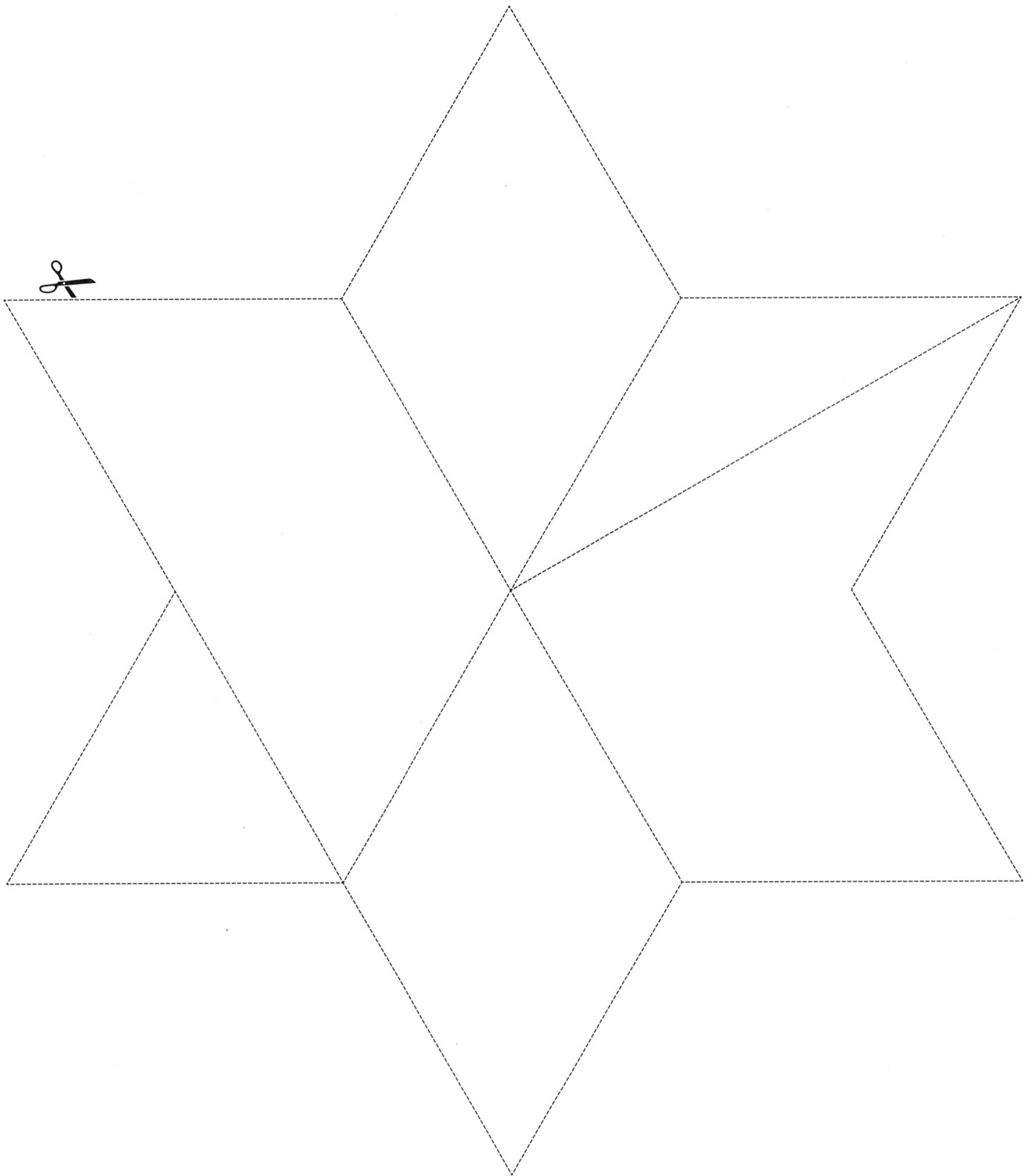

Schattenbilder

Verbinde.

Schattenbilder Kontrolle

Schattenbilder

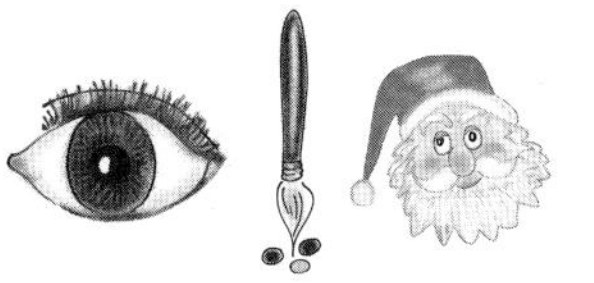

Verbinde.

Schattenbilder Kontrolle 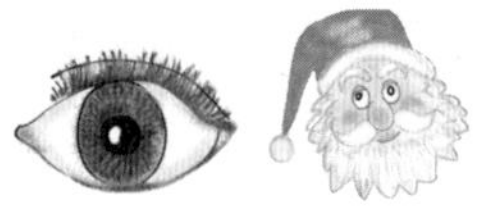

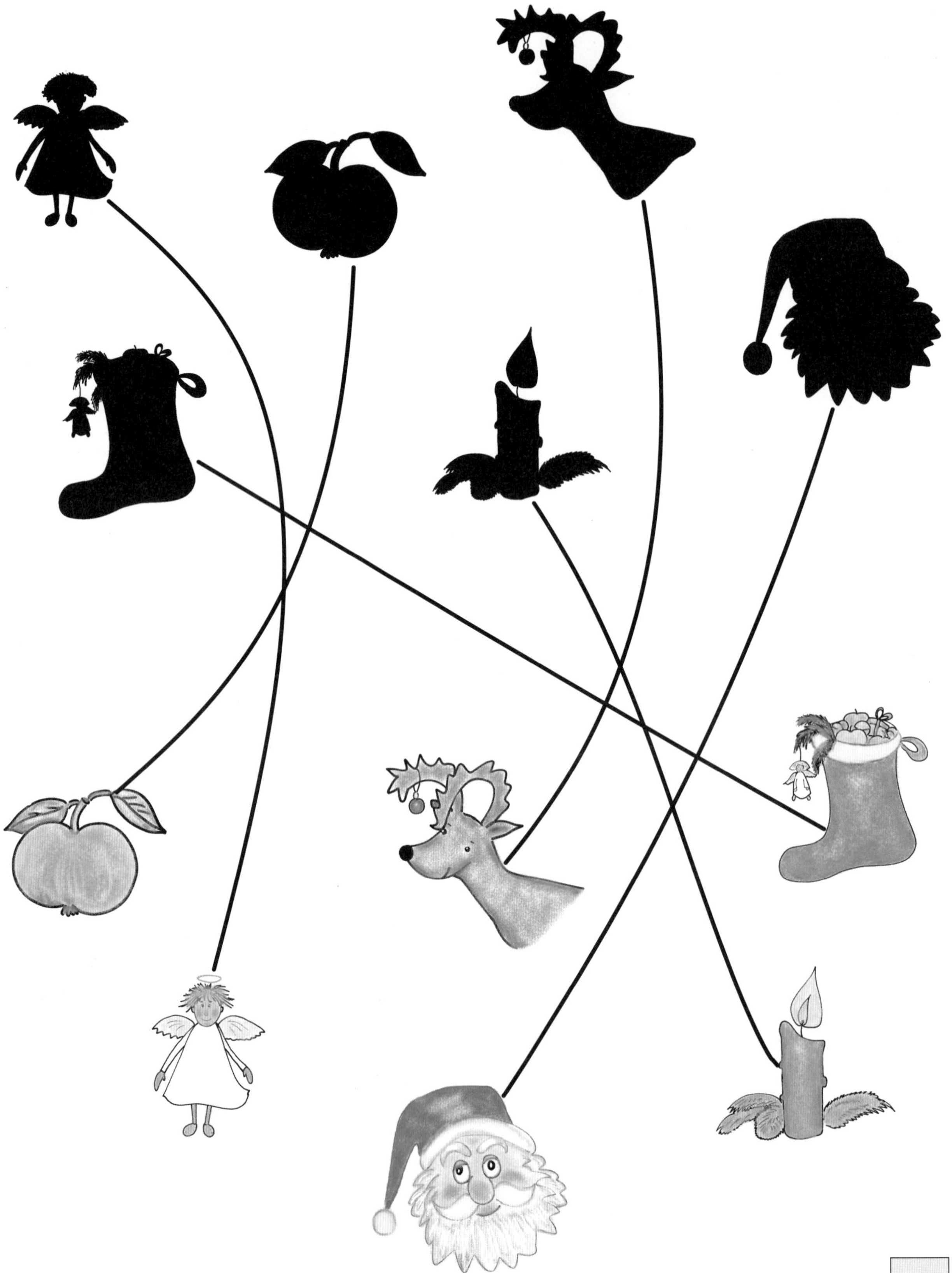

Schattenbilder

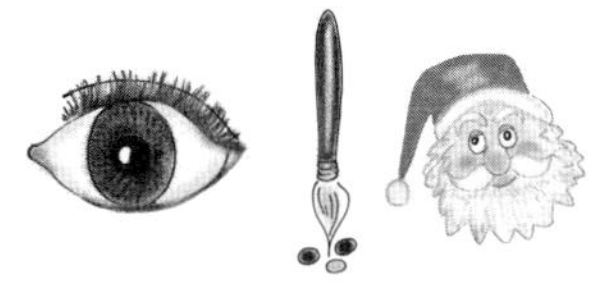

Verbinde.

Schattenbilder

Kontrolle

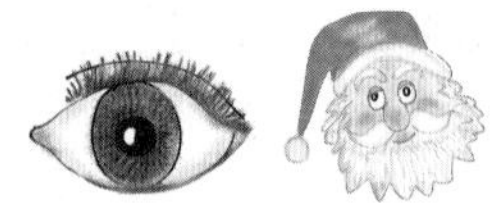

Wer bin ich?

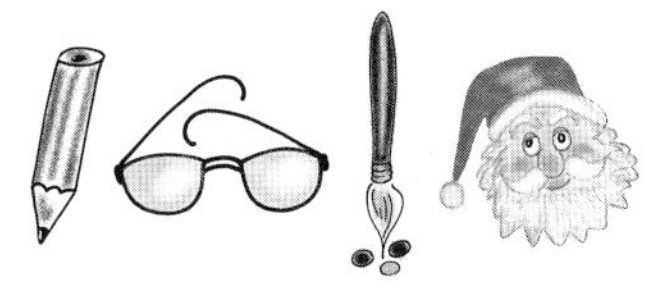

Ich bin dick und rund,

habe einen ______________.

Ich bin weiß und kalt,

ich werde nicht ______________.

alt

Mund

Male.

Wer bin ich?

Ich bin dick und rund,
habe einen ______________.
Ich bin weiß und kalt,
ich werde nicht __________.
Ein Topf, das ist mein Hut,
Sonne tut mir nicht __________.

gut

Mund

alt

Male.

Wer bin ich?

Ich bin dick und rund,

habe einen ____________.

Ich bin weiß und kalt,

ich werde nicht ____________.

Ein Topf, das ist mein Hut,

Sonne tut mir nicht ____________.

Was bin ich also für ein Mann,

den man im Winter sehen ____________?

kann

gut

Mund

alt

Male die Lösung.

Wer bin ich? Kontrolle

Ich bin dick und rund,

habe einen Mund .

Ich bin weiß und kalt,

ich werde nicht alt .

Ein Topf, das ist mein Hut,

Sonne tut mir nicht gut .

Was bin ich also für ein Mann,

den man im Winter sehen kann ?

Lösung:

Weihnachts-Wortgitter

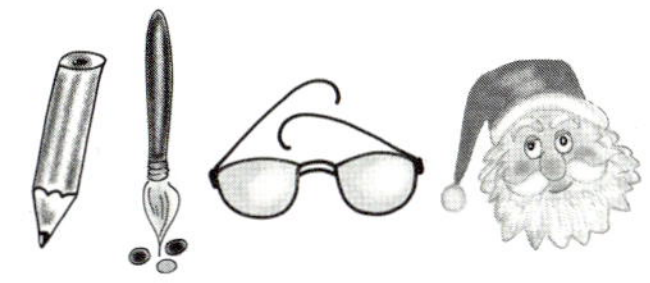

D	F	M	A	N	N	D	F	D	F
D	F	D	F	D	F	D	F	D	F
D	F	D	H	I	R	T	E	D	F
D	F	D	F	D	F	D	F	D	F
D	M	A	N	D	E	L	F	D	F
D	F	D	F	D	F	D	F	D	F
D	F	D	F	A	P	F	E	L	F
D	F	N	U	S	S	D	F	D	F
D	F	D	F	D	F	D	F	D	F
D	F	D	F	T	A	N	N	E	F

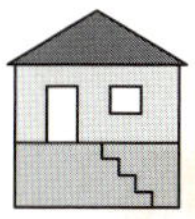

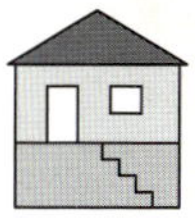

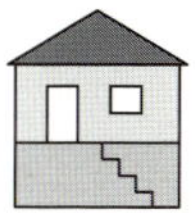

Weihnachts-Wortgitter Kontrolle

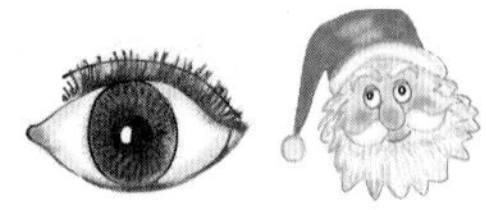

		M	A	N	N				
			H	I	R	T	E		
	M	A	N	D	E	L			
				A	P	F	E	L	
		N	U	S	S				
				T	A	N	N	E	

MANN HIRTE MANDEL

APFEL NUSS TANNE

Weihnachts-Wortgitter

D	F	R	E	N	T	I	E	R	F	D	F
D	F	D	F	D	F	D	F	D	F	D	F
D	F	D	F	D	T	A	N	N	E	D	F
D	F	D	H	I	R	T	E	D	F	D	F
D	F	N	U	S	S	D	F	D	F	D	F
D	F	D	F	D	A	P	F	E	L	D	F
D	M	A	N	D	E	L	F	D	F	D	F
D	F	D	F	D	M	A	N	N	F	D	F
D	F	D	F	D	F	D	F	D	F	D	F
D	F	R	I	E	D	E	N	D	F	D	F
D	F	D	F	D	F	D	F	D	F	D	F
D	F	D	F	D	F	D	F	D	F	D	F

Weihnachts-Wortgitter Kontrolle

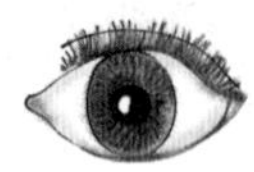

		R	E	N	T	I	E	R			
					T	A	N	N	E		
			H	I	R	T	E				
		N	U	S	S						
					A	P	F	E	L		
	M	A	N	D	E	L					
					M	A	N	N			
	F	R	I	E	D	E	N				

Rentier Tanne Hirte

Nuss Apfel Mandel

Mann Frieden

Weihnachts-Wortgitter

D	F	R	E	N	T	I	E	R	F	D	F	D
D	F	D	F	D	F	D	T	A	N	N	E	D
K	F	D	F	D	F	D	F	D	F	D	F	D
U	F	D	F	D	F	D	F	D	F	D	F	D
G	F	H	I	R	T	E	F	D	F	D	F	D
E	F	D	F	W	A	L	N	U	S	S	F	D
L	F	D	F	D	S	T	E	R	N	E	F	E
D	F	D	F	D	F	D	F	D	F	D	F	N
D	F	K	I	N	D	E	R	D	F	D	F	G
D	F	D	F	D	F	D	F	D	F	D	F	E
D	F	D	F	D	F	A	P	F	E	L	F	L
D	F	D	F	D	F	D	F	D	F	D	F	D
W	E	I	H	N	A	C	H	T	E	N	F	D

Weihnachts-Wortgitter Kontrolle

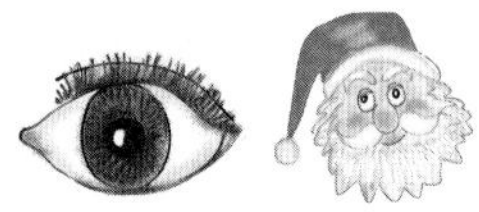

		R	E	N	T	I	E	R				
							T	A	N	N	E	
K												
U												
G		H	I	R	T	E						
E				W	A	L	N	U	S	S		
L					S	T	E	R	N	E		E
												N
		K	I	N	D	E	R					G
												E
						A	P	F	E	L		L
W	E	I	H	N	A	C	H	T	E	N		

Rentier Tanne Hirte Walnuss

Sterne Kinder Apfel

Weihnachten Kugel Engel

Der Weihnachtsmann

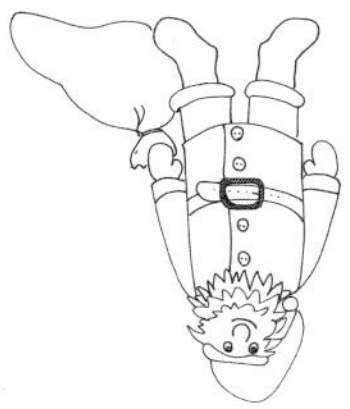

Name: ____________

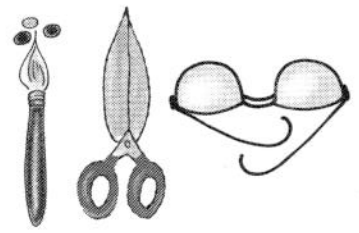

Bart grau

Mütze lila

Hose blau

Mantel rot

Sack braun

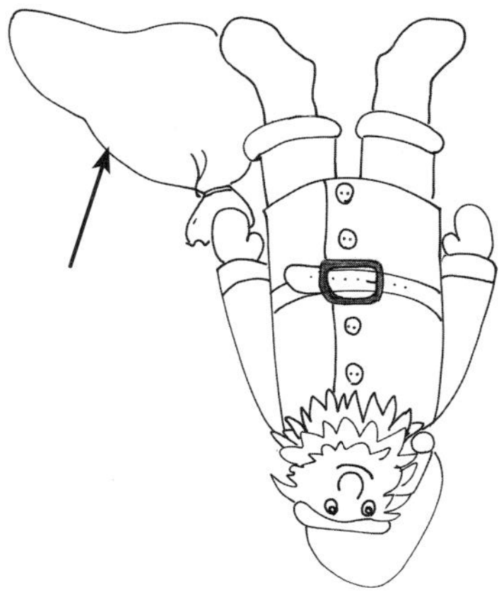

Stiefel gelb

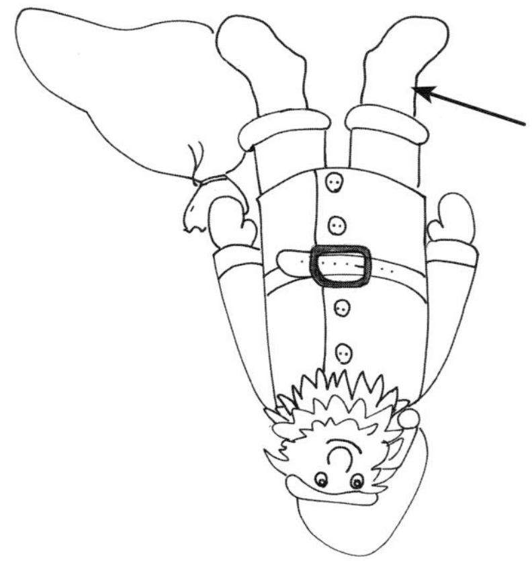

Gürtel grün

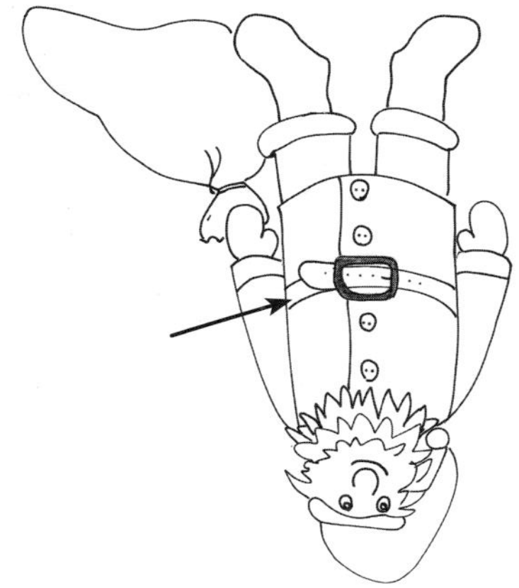

Der Weihnachtsmann

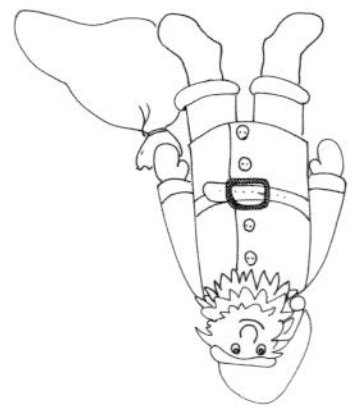

Name: ____________

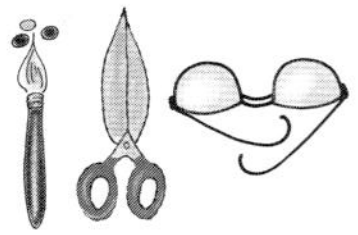

Male den
Bart grau an.

Male die
Mütze lila an.

Male die
Hose blau an.

Male den
Mantel rot an.

Male den
Gürtel grün an.

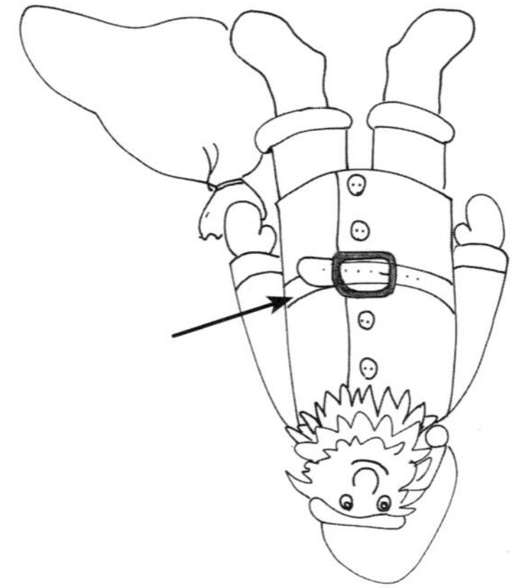

Male die
Stiefel gelb an.

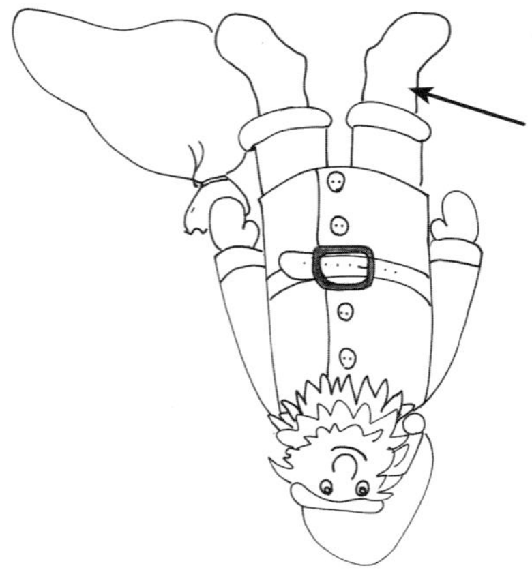

Male den
Sack braun an.

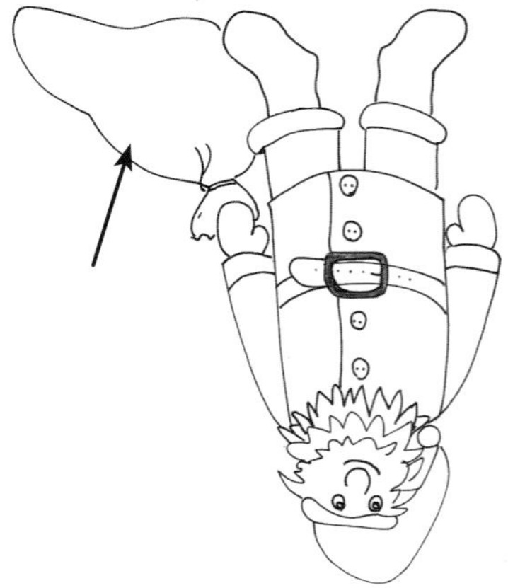

Der Weihnachtsmann

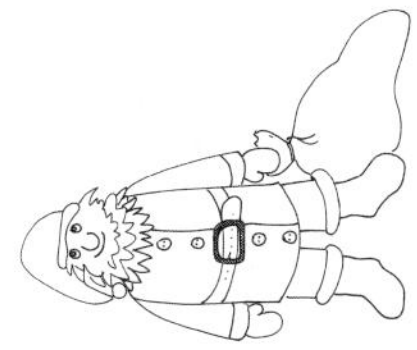

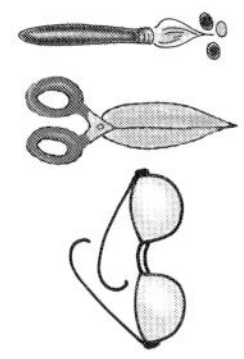

Name: ____________

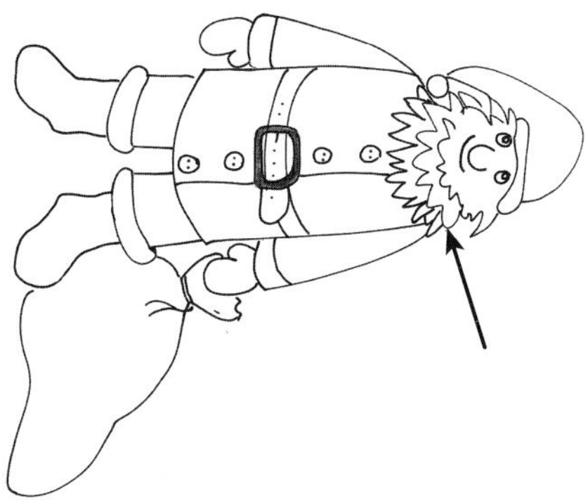

Der Weihnachtsmann hat einen grauen Bart.

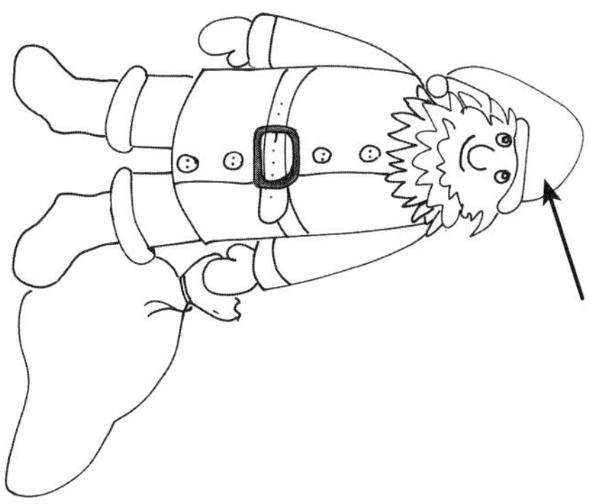

Seine Mütze ist lila.

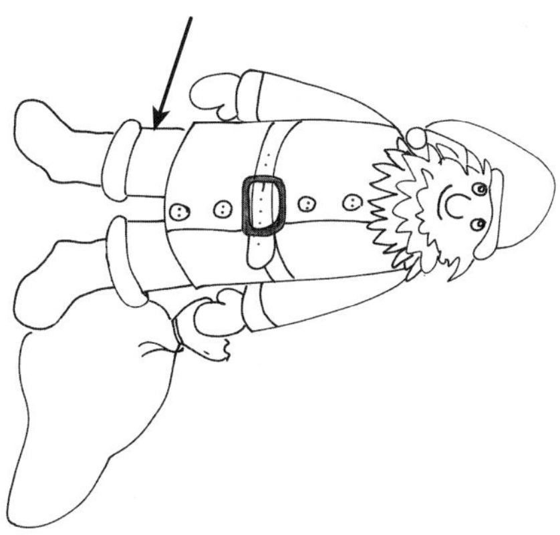

Er hat eine blaue Hose an.

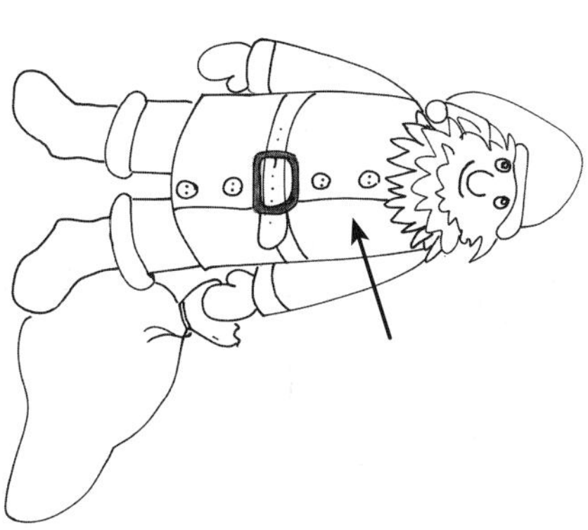

Der Weihnachtsmann trägt einen roten Mantel.

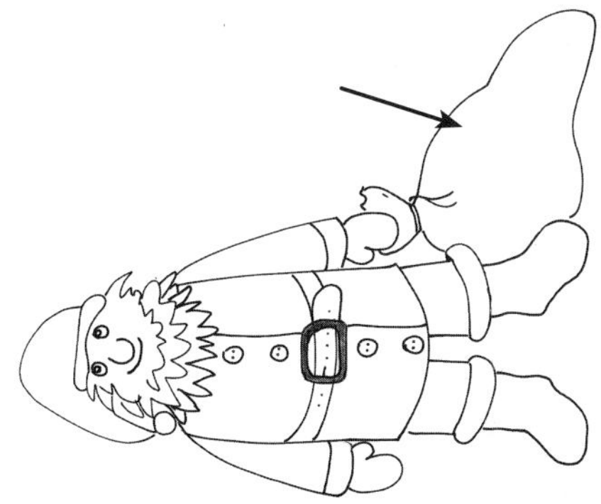

Er trägt einen braunen Sack.

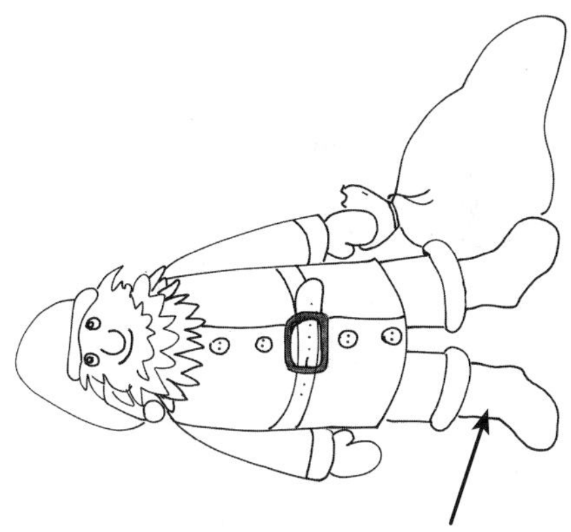

Seine Stiefel sind gelb.

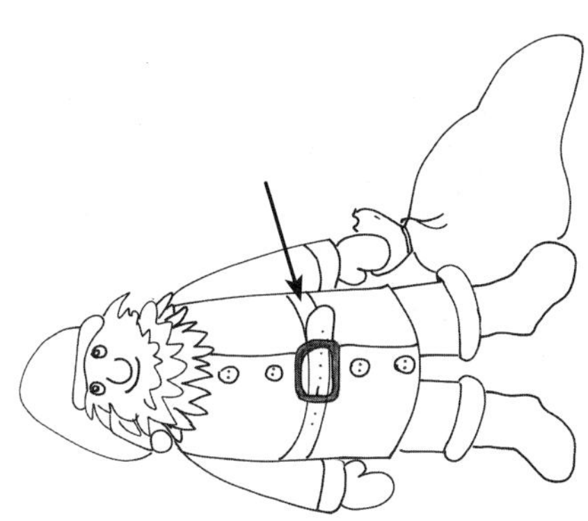

Er hat einen grünen Gürtel um.

Weihnachts-Memory

		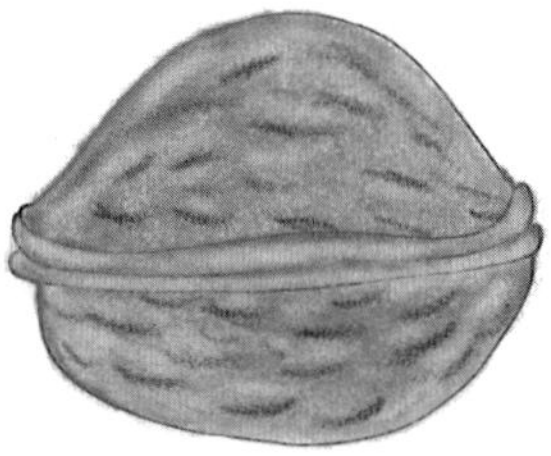
T	A	W
		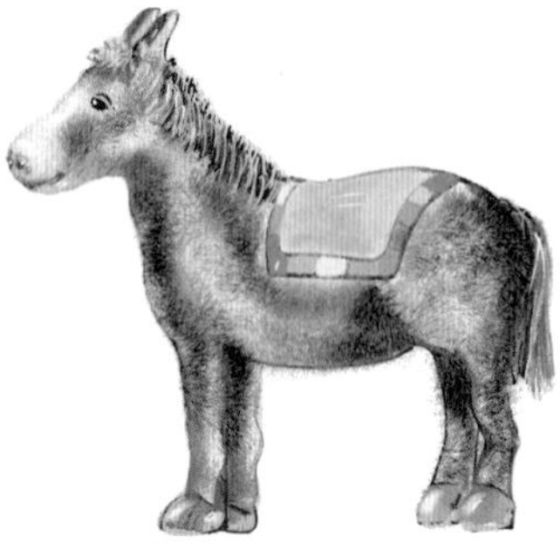
H	R	E

Weihnachts-Memory

		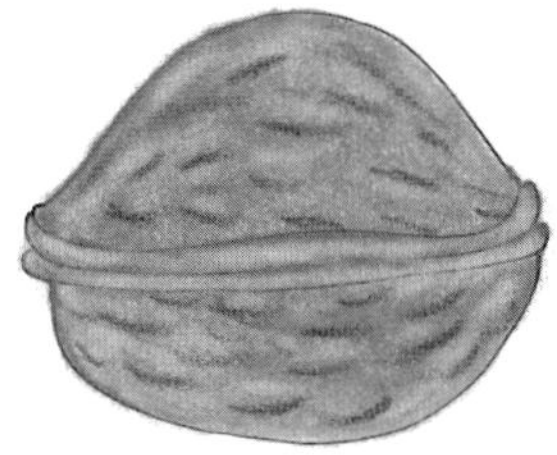
Tanne	Apfel	Walnuss
		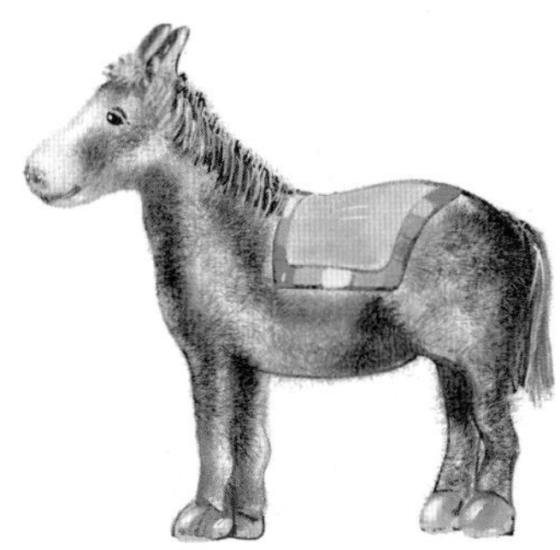
Hirte	Rentier	Esel

Weihnachts-Memory

	Tannenbaum	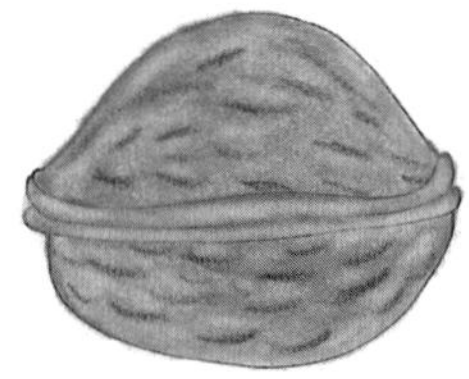	Walnuss
	Apfel		Stern
	Kerze		Engel
	Rentier		Glocke
	Schneemann		Weihnachts-mann

Weihnachtskugeln – Backanleitung

Ihr benötigt:

- 100 g Butter
- 175 g Mehl
- 1 Paket Backpulver
- 160 g flüssigen Honig
- 175 g gehackte Mandeln
- 1 Teelöffel Zimt

Gruppenarbeit

ca. 45 Minuten, davon 15 Minuten Backzeit

Zubereitung:

1. Schmelzt die Butter im Topf.

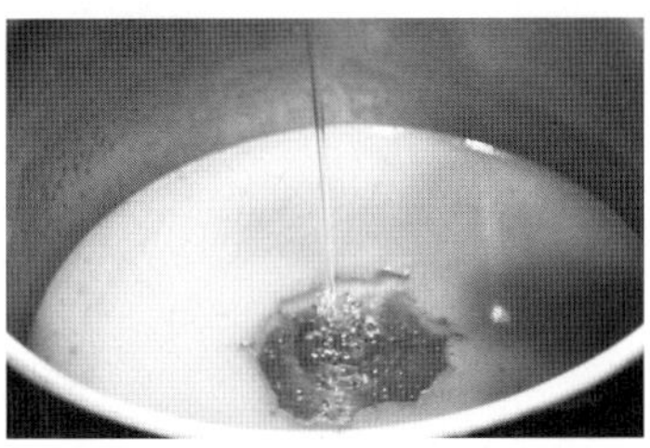

2. Gebt 130 g Honig dazu.

3. Mischt Mehl, Mandeln, Zimt und Backpulver in einer Schüssel.

4. Schüttet die Masse aus dem Topf dazu und knetet einen Teig.

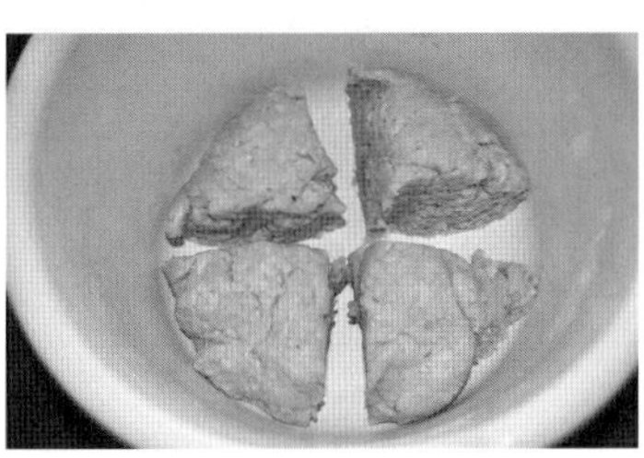

5. Teilt den Teig unter euch auf.

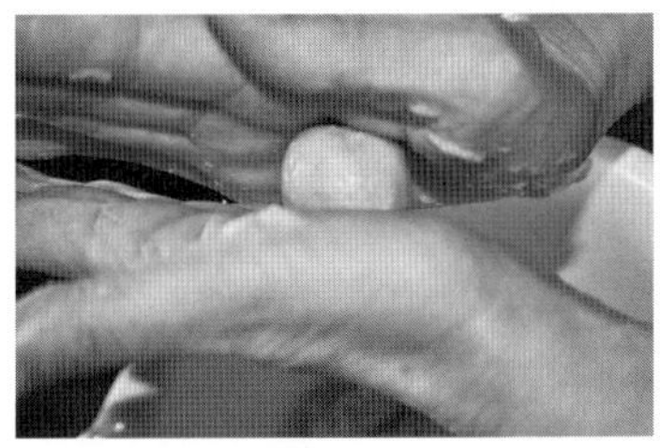

6. Formt mit den Händen kleine Kugeln und legt sie auf ein Backblech.

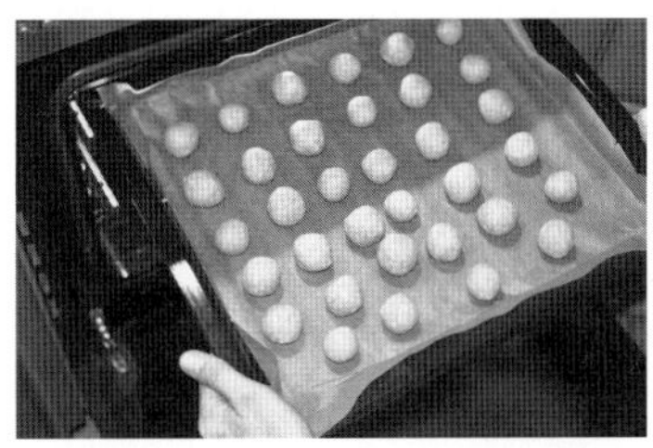

7. Backt die Kugeln 15 Minuten bei 180 °C im Ofen.

8. Streicht den restlichen Honig über die warmen Kugeln.

Fertig!

Weihnachtswickel

Weihnachtswickel

Weihnachtswickel

Melodie: „Tom Dooley" (Folksong aus den USA)
Text: Liane Vach

2. Du duftest gut, Adventszeit!
Wir freuen uns, na klar!
Weihnachten ist nicht mehr weit,
zweiter Advent ist da.

3. Du leuchtest schön, Adventszeit!
Wir freuen uns, na klar!
Weihnachten ist nicht mehr weit,
dritter Advent ist da.

4. Die Spannung steigt, Adventszeit!
Wir freuen uns, na klar!
Weihnachten ist nicht mehr weit,
vierter Advent ist da.

5. Wir sind am Ziel, Adventszeit!
Wir freuen uns, na klar!
Weihnachten, es ist so weit,
Heiligabend ist da.

Vorschläge für den Einsatz im Unterricht

a) Texterarbeitung durch rhythmisches Vor- und Nachsprechen des Textes

b) Textgestaltung durch Gesten:
   - Adventskranz → mit den Händen einen Kreis formen
   - freuen → Arme in die Luft
   - nicht mehr weit → Ausschau halten mit einer Hand als Schirm an der Stirn
   - erster bis vierter Advent → Anzahl mit den Fingern zeigen

c) Melodieerarbeitung
   - mithilfe des Playbacks (siehe CD) oder
   - mit Begleitinstrument (z. B. Gitarre) in vier Sinnabschnitten entsprechend der Notenzeilen

d) Anzahl der brennenden Kerzen neben den jeweiligen Strophen auf dem Liedblatt einzeichnen, um deren Bedeutung zu visualisieren

Adventslied

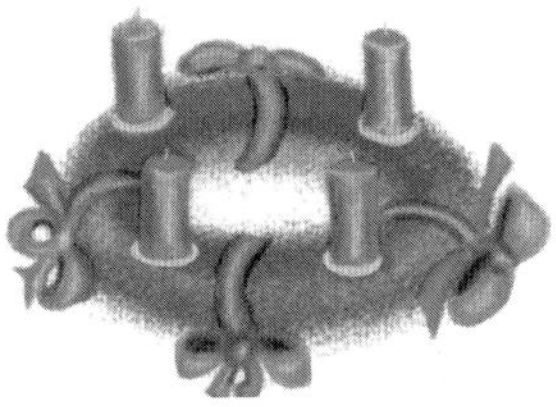

1. Jetzt bist du da, Adventszeit!
   Wir freuen uns, na klar!
   Weihnachten ist nicht mehr weit,
   erster Advent ist da.

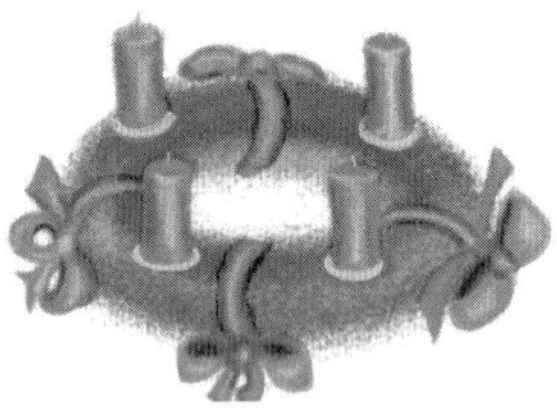

2. Du duftest gut, Adventszeit!
   Wir freuen uns, na klar!
   Weihnachten ist nicht mehr weit,
   zweiter Advent ist da.

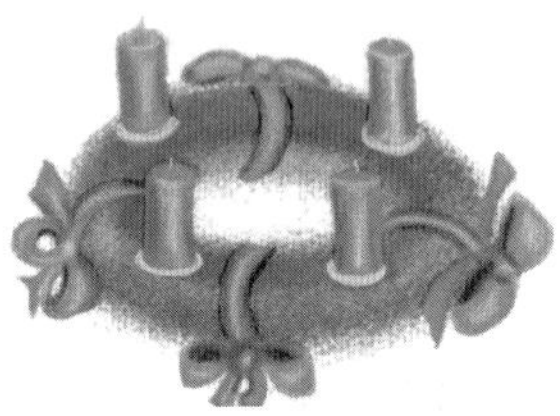

3. Du leuchtest schön, Adventszeit!
   Wir freuen uns, na klar!
   Weihnachten ist nicht mehr weit,
   dritter Advent ist da.

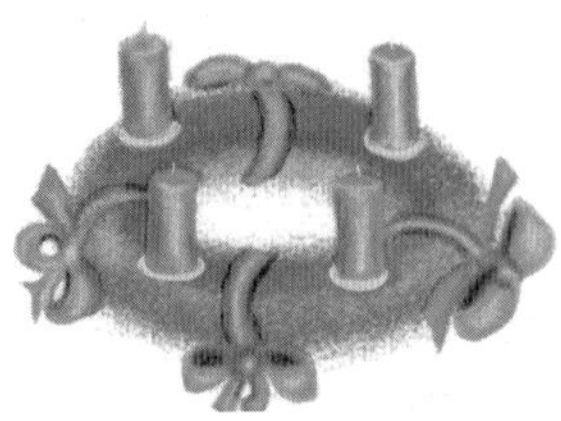

4. Die Spannung steigt, Adventszeit!
   Wir freuen uns, na klar!
   Weihnachten ist nicht mehr weit,
   vierter Advent ist da.

5. Wir sind am Ziel, Adventszeit!
   Wir freuen uns, na klar!
   Weihnachten, es ist so weit,
   Heiligabend ist da.

Material:

- Vorlage für die Tanne
- buntes Papier, bunter Stoff, Filz für die Tanne
- farbige Pappe für die Karten
- Schere, Kleber

Anleitung:

1. Schneide aus.

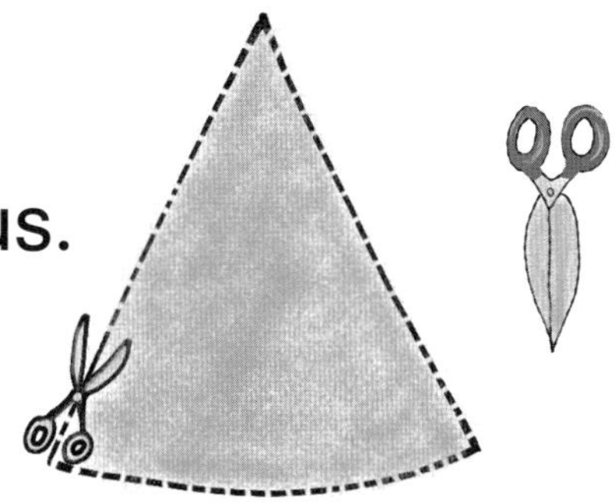

2. Schneide ab.

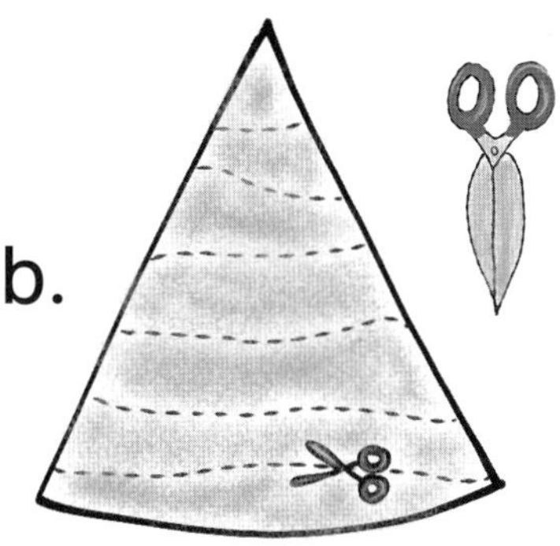

3. Lege.

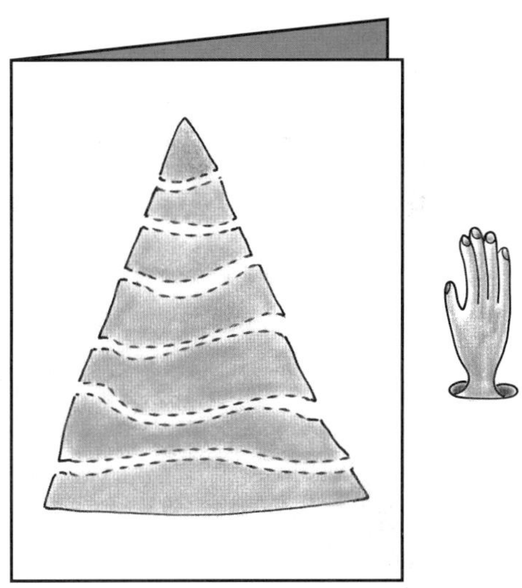

4. Klebe auf.

Weihnachtswörter

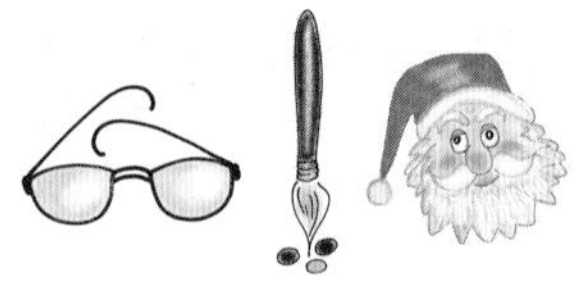

Verbinde.

Tanne

Esel

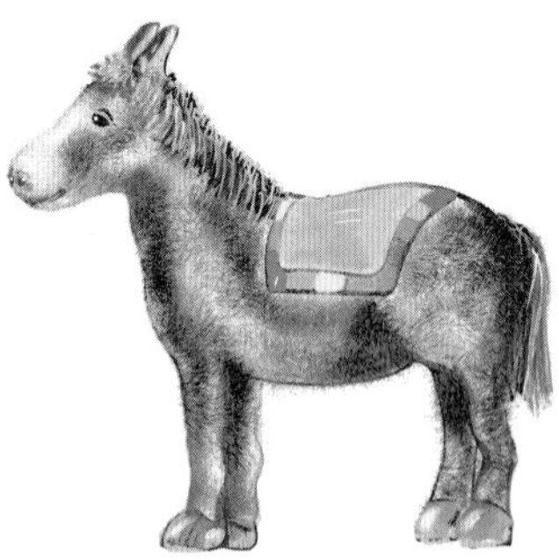

Hirte

Apfel

Weihnachtswörter

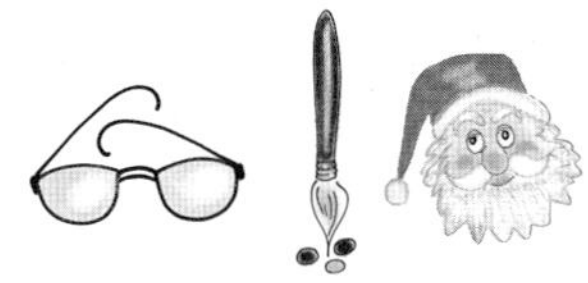

Verbinde.

Walnuss

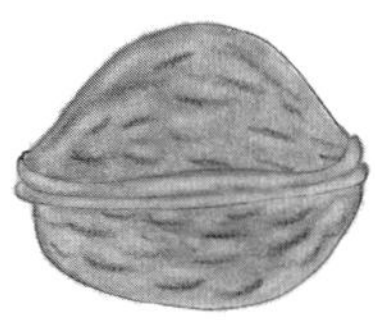

Esel

Stiefel

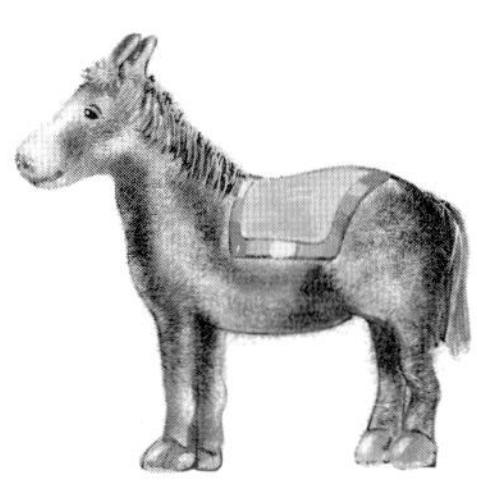

Hirte

Rentier

Engel

Weihnachtswörter

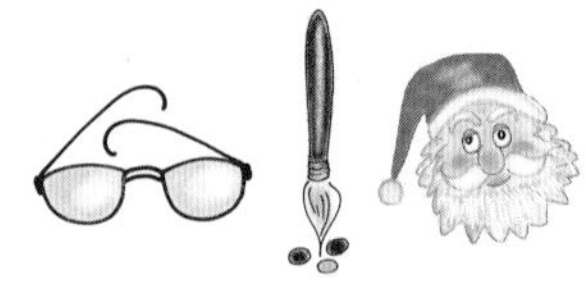

Verbinde.

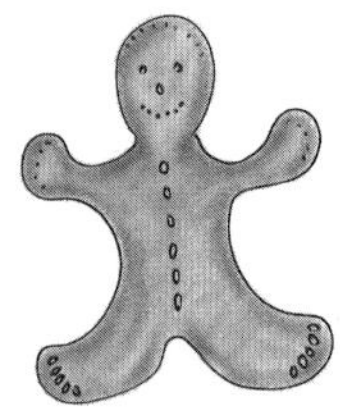

Tannenbaum

Weihnachtsmann

Nikolausstiefel

Lebkuchenmann

Rentier

Schneemann

Weihnachtswörter

Kontrolle

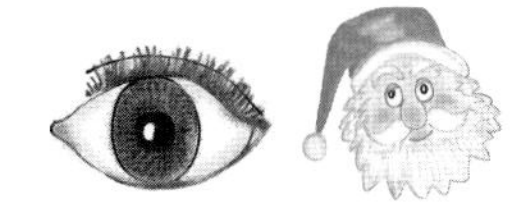

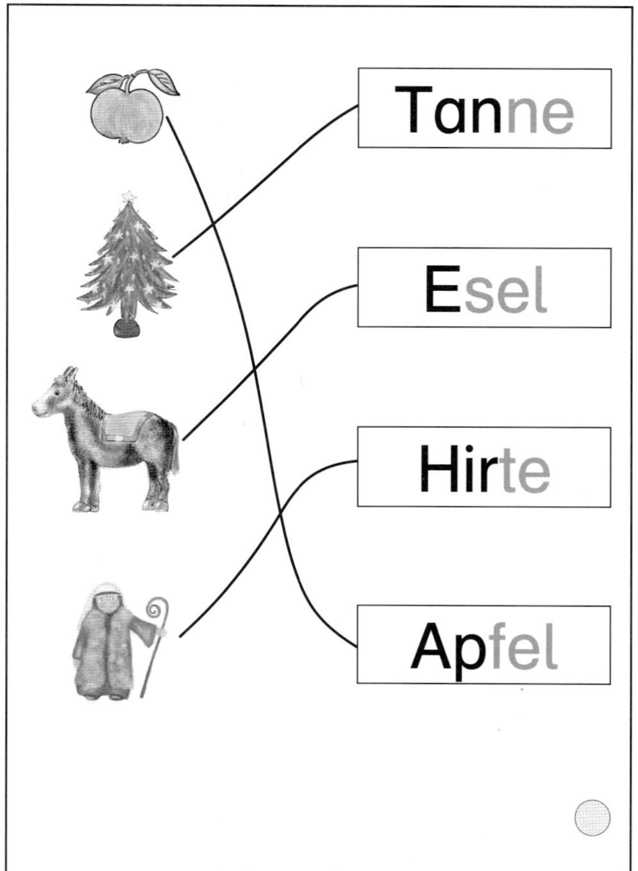

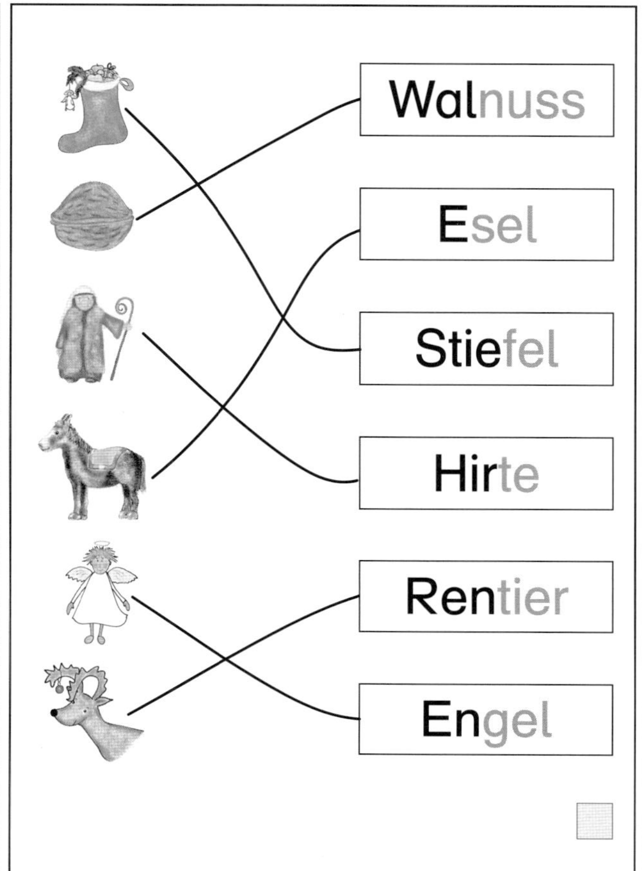

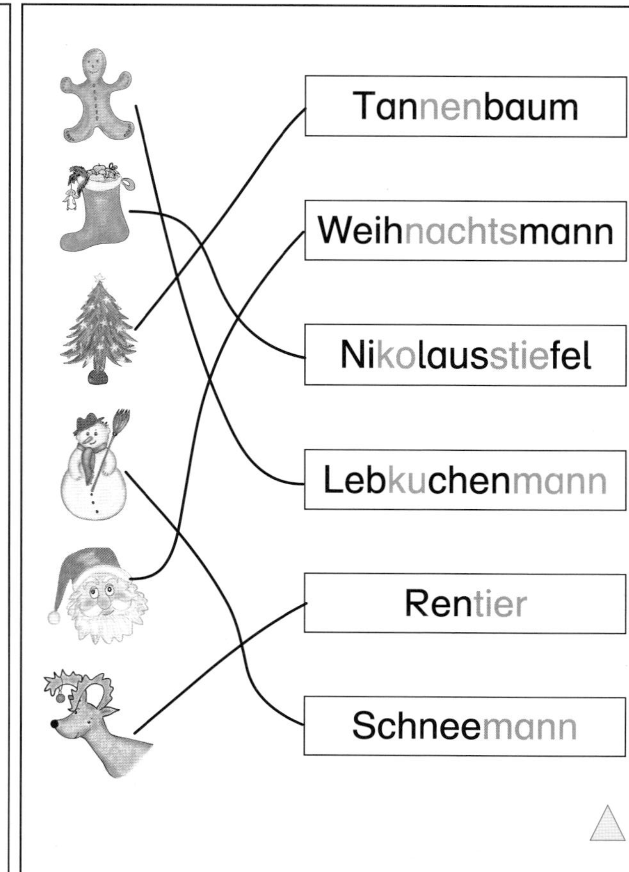

Die Heilige Familie (1)

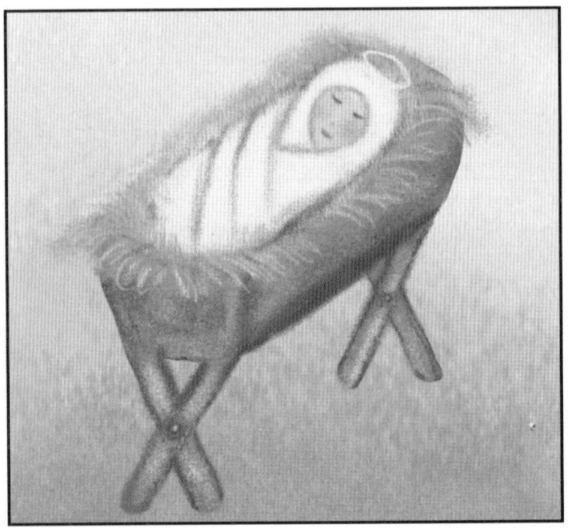

Die Heilige Familie (2)